高效签单

黄立霞

丁文飞◎编著

新疆文化出版社

图书在版编目（CIP）数据

高效签单 / 黄立霞，丁文飞编著. -- 乌鲁木齐：
新疆文化出版社, 2025. 5. -- ISBN 978-7-5694-4940-2

Ⅰ. F713.3

中国国家版本馆CIP数据核字第2025DL6280号

高效签单

编 著 / 黄立霞　丁文飞

策　　划	张　翼	封面设计	天下书装
责任编辑	祝安静	责任印制	铁　宇
版式设计	摆渡者文化		

出版发行	新疆文化出版社有限责任公司
地　　址	乌鲁木齐市沙依巴克区克拉玛依西街1100号（邮编：830091）
印　　刷	三河市嵩川印刷有限公司
开　　本	710mm×1000mm　1/16
印　　张	8
字　　数	90千字
版　　次	2025年5月第1版
印　　次	2025年5月第1次印刷
书　　号	ISBN 978-7-5694-4940-2
定　　价	59.00元

前　言

人生无处不销售，你想要什么，就会得到什么。的确，我们每个人每天都在通过自己的沟通模式说服别人接受自己的想法。所以，销售不懂沟通技巧，就犹如在茫茫的黑夜里行走，永远只能误打误撞。而对一名销售员而言，最重要的销售技巧便是懂得顾客心理，从而有效地说服顾客，以心攻心，见招拆招，这样销售工作才能进入一个"知己知彼、百战百胜"的境界。

在当今这个竞争激烈的市场环境中，销售行业已经悄然发生了改变，从简单的商品买卖转变为一个高度专业化、技术化和策略化的领域。现代销售高手不仅需要具备丰富的产品知识，更需深刻理解人性，掌握高超的沟通技巧，以便精准地满足客户需求，同时实现销售目标，为公司和个人创造利润。这一过程要求销售人员不仅要有出色的表达能力，更要有敏锐的洞察力、灵活的应变能力和深厚的人际交往能力。

然而，销售并非易事。尽管每个销售员都在进行销售工作，但为何有些人能够脱颖而出，而有些人却觉得举步维艰？美国的一项研究表明，顶尖销售员的业绩往往是普通销售员的数百倍。在众多企业中，80%的业绩往往由20%的销售精英创造。这些业绩出众的销售员并非俊男靓女，也不一定都能言善辩，但他们都掌握了高效的销售沟通技巧，这些技巧帮助他们赢得了客户的信任，挖掘了潜在需求，最终实现了销售的成功。

因此，有效而高质量的沟通几乎是所有销售活动成功的关键。无论你是一个经常与客户打交道的销售人员，还是一个销售团队的管理者，要获得最大的成绩不仅取决于你对产品的了解，更取决于你对客户的理解及掌控每一次销售活动的交际能力。

《高效签单》一书正是基于这样的背景与需求，是一本销售沟通技巧的宝典，更是销售员个人成长与职业发展的指南针，旨在帮助销售人员掌握销售口才的核心技巧，提升沟通能力，更重要的是培养销售人员的综合素质，包括洞察力、应变力、说服力以及人际交往能力等。无论是初次接触客户的寒暄，还是深入谈判的关键时刻，这本书都将为你提供一套实用的沟通技巧与策略，帮助你在销售过程中更加自信、从容地应对各种情境，进而"高效签单"。

希望通过这本书，让销售员学会如何运用语言的力量，去触动客户的心灵，去挖掘客户的潜在需求，去建立长久的信任关系，从而在销售过程中游刃有余，不断提升成交率。无论你是销售新手还是资深销售人士，这本书都将是你提升销售沟通能力的得力助手，帮助你在激烈的市场竞争中脱颖而出，实现个人与企业的双赢。

目　录

第六章
说话分寸决定销售的成功概率

第一章
用赞美收获客户的芳心

赞美是一种高效的情感交流方式，它能帮助销售员快速地与客户建立起信任基础。法国作家安德烈·莫洛亚说过"美好的语言胜过礼物。"在现实生活中，每个人都是独一无二的，自然也都渴望自己与众不同的闪光之处被他人发现、认可和赞扬。客户也不例外，赞美会让他们有一种成就感。因此，只要运用好赞美这门艺术，就能拉近客户与你之间的关系，还能激发他们内心积极的情感，从而让他们在愉悦的心情中更愿意接受自己的产品和服务。

第一节　赞美，让客户心甘情愿为产品买单

对于一个销售员而言，在与客户交流的过程中，巧妙地运用赞美是获取客户青睐的行之有效的办法。客户会因为你的赞美而对你产生好感，另眼看待，不但愿意花费时间和精力来和你沟通，甚至会购买你的产品，而这些都可以被视作对销售员赞美的回报。有效的赞美不仅能够极大地满足客户的心理需求，让他们在心理上呈现出一种开放和接纳的状态，还能在赞美强大的心理暗示作用下，使客户更主动、更轻易地与你成交。

销售情景：

一对中年夫妻为即将出席的商务活动到服装店挑选衣服。妻子一眼就看中了橱窗里陈列的一件漂亮晚礼服，她兴奋地穿在身上让丈夫看，丈夫也觉得很合适，但妻子不经意间看到吊牌上昂贵的价格后，

她犹豫了许久，最终狠心决定不买。

等在一旁的销售人员敏锐地察觉到了对方的表情，微笑地走向女顾客，温柔地说："我看得出来你很喜欢这件礼服，那就买下它吧，虽然贵了点，但这身衣服很配你的容貌和身材，况且你也值得拥有，就当这件衣服是对自己多年辛苦的褒奖和对过往美丽的弥补。"

这句话让女顾客十分受用，她回道："这件衣服确实漂亮，我年轻时也喜欢这么打扮，只是这些年为了操持这个家都没多少时间和心情来取悦自己，要是再不打扮，美丽就真的过时不候了。"

销售的话让丈夫也听进去了，出于感激和亏欠，他果断刷卡买下了这件礼服，对妻子说："这么多年你辛苦了，这条裙子就当是我送你的礼物，你也找找年轻时候的感觉。"妻子拿着包好的礼服喜笑颜开。

分析：

这位销售人员的赞美技能可谓是炉火纯青。一方面，正面赞美顾客对家庭的付出，暗示女顾客自身的价值远超这件礼服的价值，抬高了对方的层次；另一方面，对顾客容貌和身材的夸赞，触动了女顾客心底对美丽的怀念和追求，同时，利用第三方影响的方式，让丈夫出于感激和亏欠心理，心甘情愿为妻子购买这件礼服。

据研究，一个人如果长时间被他人赞美，其心情会变得愉悦，被说服的概率也会增加，可见赞美带来的心理暗示是十分强大的。

销售员要想将赞美为自己的工作所用，就一定要掌握以下这些技巧。

1.赞美要态度诚恳

诚恳的赞美是对他人客观存在的优点的下意识反应，因此源自内心的赞美尤为珍贵。

对待陌生客户赞美要谨慎，不能贸然张嘴，可以礼貌问候，然后观察对方的言行举止，从说话方式、性格、服饰、外貌等方面进行夸赞，如"您这样的穿搭风格真有特色，只有像您这样有个性的人才能驾驭得了。""您是想为父母购买××吗？您真的很有孝心。"

如果是老客户，要及时赞美。比如，要留意老客户的外在、喜好、职位变动等有无变化，如果有，一定要及时赞美。

2. 赞美要有分寸

销售人员必须精通如何恰当地运用赞美技巧。过多的赞美有拍马屁之嫌，会让客户在关乎核心利益的时候清醒过来，提前结束产品的推销进程，对顺利交易形成阻碍，也不要过度地赞美，只有适可而止地赞美才能发挥出最好的效果。

所以，在赞美时一定要注意这几点：首先，要明确赞美的重点，必须是客户十分看重的成绩或优点；其次，赞扬一定不能暗含对对方缺点的影射，或对对方过去行为和选择变相否定，如"您这次选择我们的产品就显得明智许多"；最后，赞美用语要符合对方年龄和身份。

3. 把握赞美时机

赞美无处不在，从迎宾破冰到产品介绍再到议价成交，其中的每个环节都会用到赞美，但把握好时机的赞美才是对的赞美。一方面赞美一定要符合当时的场合与气氛，另一方面还要留意这几个时机，即当客户对产品感兴趣时、心情不错面露得意时、因犹豫迟迟作不了决定时、从感性转向理性思考时就要适时地进行赞美，并且要尽量不着痕迹。

总之，称赞能够帮助顾客树立起对自己的好印象，给客户带来强烈的心理暗示，使其感到自己很重要，在这样的心理暗示下，顾客的内心就会有一种被认同和重视的感觉，从而不由自主地配合你，促成交易。

第二节　有理有据的赞美之言更令人信服

被称赞已经成为人类的一种精神需求，是人类共同的天性，它能极大地满足人们的自尊，能让听的人十分受用。所以，想要客户也"受用"这份夸赞，就要夸到点子上，夸到对方心里，就要"懂行"——抓住赞美的事物的实质，才能让客户更爱听。

因此，面对销售工作中遇到的形形色色的客户，不要只会说空洞的溢美之词，佐以事实和理论依据的赞美之言才更能让客户信服。

销售情景：

已经坐到高级经理位置的林某却依旧开着十多年前的老旧汽车，这让许多汽车销售人员不免眼红，认为这是一个售卖自家产品的绝好机会，但前后去了几个销售员都没能成功拿下林经理。他们的说辞别无二致，不是说"这辆车子太破了，太旧了，跟您的身份不符……"，就是说"您这车三天两头的修理费怕是都能买一辆新车了吧"，这让林经理听了很不痛快，最后都以节俭惯了、念旧的理由打发走了。

没想到过了几天，居然有一位销售员做成了这单业务，原来他是这样说的："这辆车想必见证了您的成功与辉煌，所以您才一直舍不得换掉它吧。而且让我意外的是，这辆车虽然老旧，但居然已经行驶了20万公里，还没什么大故障，看来您开车的技术真是炉火纯青啊。"

分析：

每个人都渴望被别人赞美，获得认同，客户也是。案例中，销售员将汽车与林经理的个人历史和价值联系起来，不仅引起了对方情感上的共鸣，而且认可了他成功的表现。后一句虽然也是在说车子太旧，但实则是对客户的汽车保养能力和驾驶技术的肯定、赞美，这怎能不让林经理对他产生好感和信任。

为了让赞美之词既有根据又能够让客户信服，可以从这些角度入手。

1. 于细节处赞美

单刀直入的夸奖之前一定要事先扎根，否则的话只会成为令人难以接受的奉承。

想要做到赞美有根有据，不妨让赞美细节化，以具体、求实为原则，从真实的细微处夸起，再放大到更高的层面进行升华。比如，夸赞对方"您衣着干练，一定是个雷厉风行、御下有方的领导"，或者"您办公室的这盆君子兰不俗，想必在挑选产品方面的眼光也一定很独到"。

如此夸奖不仅言之有物，还会让客户因为自己以外的东西受到高估而感到高兴，他们会认为你们在价值观上存在着很大的共同之处，这样一下子就拉进了双方的距离。

2. 善于发掘客户的具体优点

客户群体中固然有成功人士，但更多的都是普通人，所以销售员不要光赞美成功人士，普通人也有闪光点。销售员要敏锐地捕捉、深层地挖掘客户身上隐秘的优点给予赞扬，增加对方的价值感，让客户觉得被重视。如"您能对我们产品的工作原理娓娓道来，可见您是一个细致、严谨又懂钻研的人"。

3. 以生活习惯为契机

从客户的生活习惯入手，他一定乐于交谈，而一旦找到话题，就像有了销售的金钥匙，自然就会"芝麻开门"了。在运用时，一定要熟知客户的生活习惯，结合当时的情境，以及客户的个性和特点进行表达。比如："您的店铺真整洁，物品摆放还井然有序，能看得出您是个爱干净又注重效率的人。""跟您聊天总能学到新知识，感觉您特别博学。这肯定跟您平时爱读书有很大关系。"

总而言之，要使赞美显得真诚有力，关键在于发掘并聚焦于客户身上真实而具体的亮点。应细致描绘该优点的具体表现，阐述其独特之处，并附上个人由衷的正面评价，这样的赞美才能够触动客户的心弦，让他们感受到你的认可与尊重，进而更愿意开放心态，与你深入讨论推销事宜。

第三节 赞美也需有新意，陈词滥调难动人心

赞美是人际交往的润滑剂，是件好事，但也是件难事。重复别人说过的赞美话，任谁都会觉得索然无味，毕竟陈词滥调每个人都会背，

这样的赞美非但不能打动客户，还会引起对方反感。所以如果销售员希望赞美起到好作用，最好用点心，使得赞美有新意。

销售情景：

杰克所在的建筑公司前不久刚签订了一个大项目，要在特定日期前建成一座办公大厦。项目按照计划修建得很顺利，然而在临近尾声的时候，负责供应大厦内部装饰的承包商突然告知无法按时交付货物。

这一变故让领导始料未及，如果不能在约定时间内交工，公司不仅要面临巨额赔偿款及罚金，今后还可能无法再在行业内立足，并且更为恼火的是，接连多次的电话交涉都未能让承包商改变主意。

于是杰克奉命前往纽约，当面说服该承包商。

刚见到对方公司的董事长，杰克就说了这样一句话："你知道吗？在布鲁克林区，有你这个姓名的，只有你一个人。"

董事长诧异地看向他说："是吗？我并不知道。"

"是的，我也是下车后在翻看电话簿找您公司地址时才知道的，您这个姓氏在布鲁克林的电话簿上，只有您一人。"

"我一直不知道。"董事长一边说一边饶有兴致地在电话簿上查找，脸上止不住地露出骄傲神色，"这个姓氏确实比较罕见，我这个家族从荷兰移居纽约，几乎有二百年了……"

杰克成功地打开了对方的话匣子，听他滔滔不绝地讲述自己的家族和祖先曾经的过往。

等他说完之后，杰克顺着话题又聊到了对方的工厂，称赞他的工厂不仅大还很整洁，远比自己之前拜访过的同一性质的工厂要强太多。

这让董事长不由得心花怒放，说："这个公司是我毕生心血的成果，我为此感到十分骄傲。你愿意随我到工厂各处去参观一下吗？"

参观过程中，杰克的赞美之词几乎从未间断过，或是称赞他的工厂组织制度健全，或是诚恳地表示工厂生产的产品在某些地方要比其他竞争者的好，等等。

期间，杰克还被一些特殊的机器所吸引，得知这是董事长本人设计发明的之后，由衷地表示了钦佩和赞赏。董事长耐心地向杰克讲解了机器的操作方式，并告诉他，自己的产品之所以好就是因为有它。

参观结束后，心情大好的董事长坚持邀请杰克共进晚餐。吃完晚饭后，董事长说："现在，我们谈谈正事吧。当然，我知道你这次来的目的。我没有想到我们的相会竟是如此愉快。你可以带着我的保证回到费城去，我保证你们所有的材料都将如期运到，即使其他的生意会因此延误也无所谓。"

杰克自始至终都没有提过一句货物延期的事，仅凭夸赞就达到了自己的目的，大厦也顺利建成。

分析：

案例中杰克的赞美不仅真诚，还很独特。从称赞对方特殊的名字入手倾听对方家族史，再到夸赞工厂规模、整洁度、产品细节和机器，这种深入且别具一格的赞美方式不仅打破了僵局，还成功地赢得了供应商的信任和支持，确保了项目的顺利进行，展现了杰克在处理人际关系上的高超技巧。

只有基于真实情况的赞美，才能够让对方相信和接受。要想让称赞产生良好的功效而又不至于落入俗套，就要谨记：真实的东西，才为世人所喜爱。

那么，作为销售人员，怎样才能使称赞看起来更有新意？

1. 避免公式化的套词俗语

有些刚踏入社会的年轻人很可能会犯这样的错，他们没有什么社会阅历，一见面就说些千篇一律的恭维话，比如"久仰大名""如雷贯耳""百闻不如一见""生意兴隆，财源广进"等。这样的套话会让客户觉得你缺乏诚意、玩世不恭，甚至认为你并不值得深交。

比如，某个年轻人在酒会上认识了一位大老板，他开口就说："早就听闻您的大名，今日一见，果然不同凡响。看您的身份，想必贵公司应该经营的都是些珠宝或者高科技一类的产品吧。我就愿意和您这样的人交朋友，像那些开饭馆、做家政的可没您的气质。"老板瞬间黑了脸，讽刺道："是吗？那可不巧了，我早先就是开保洁公司发家的。"这样的"赞美"无异于自掘坟墓，让人感觉既不被尊重也不被理解。

2. 间接赞美比直接赞美更有效

不太适合直接赞美客户的时候，可以选择间接赞美的方式，而这一方式通常更能彰显出赞美的效果。间接赞美的方法有如下几种。

（1）赞美客户最关心的人或事

比如，男性销售员在赞美年轻的女性客户时，为避免引起误会，可以选择间接赞美。比如赞美她在职业上的成就或她对家庭的付出与关爱，你会发现这比赞美她自己还要令她高兴。又或者，当你看到一个客户的车很特别时，对他说"车子漂亮"，不如说"车子维护得很好"或者"你很有品味"。前者虽然也是赞美，但体现不到客户身上，车子不错是厂商的功劳，客户只是花钱购买；后者则能让客户意识到是在赞美自己的努力和选择。

（2）借用第三者的口吻来赞美

有些时候，借助第三方之口来赞扬别人效果会更好。比如，"小张说您最近容光焕发，我还不信，现在见了果不其然。也难怪，您生意越做越大，气色能不好嘛。"这可比说"你越来越美了"强多了，而且还避免了恭维和奉承之嫌。

（3）从否定到肯定的赞美

这种用法一般是这样的："我很少佩服别人，但您是个例外。"通过先表达一种普遍性的否定态度（如"我很少佩服别人"），随后立即以特定个体作为例外来转折，从而实现对这个特定个体的高度赞扬和肯定（如"但您是个例外"）的修辞技巧。这种方法通过对比和反差，增强了赞美的力度和真诚感。

3.赞美对方的精神层面

（1）赞美对方的态度和行为

像"富有情趣""聪慧通达""容易亲近"等夸奖，为了在不同程度和不同模式上夸奖对方，你必须准备一些话语，仔细观察对方，在适当时机套入话语。

（2）赞美对方的品质

比如，当面对的是一位男士的时候，在销售过程进行到最后，不妨说出这样的话："我觉得您很有绅士风度""您的果断干练叫人钦佩""您虽然看着粗犷，没想到心思却如此细腻"……无须修饰脱口而出，给对方留下好印象。

（3）赞美对方的品位

如你可以赞美客户："您的音乐品位真是与众不同，大部分年轻人都喜欢流行歌曲，很少见像您这样对古典乐感兴趣的。"这样的赞美，多数情况下都会让客户心花怒放。

所以，只有有新意的赞美，才能把赞美说到客户心里，进而加倍增强他的自信，从而有助于我们的销售工作！

第四节　不妨说点客户爱听的

在销售的过程中，你肯定也遇到过这种情形：你把各种销售技巧都用上却收效甚微，有时还会吃力不讨好；而有些销售员与客户谈笑自若，对商品一笔带过，反倒会赢得客户的青睐。这是为什么呢？

其实，其中的关键就在于能否投其所好。有效的沟通建立在对方需求的准确理解之上，而非单方面的表达意愿。研究表明，成功的社交对话往往需要对话者具备"心理换位"能力，即能够站在对方立场思考问题。当销售人员可以做到投其所好，把话说到客户的心坎上时，语言沟通就成了维护双方关系的"润滑剂"，进而有助于销售朝着预期的目标顺利进行。

销售情景：

这天，王铭在外出推销图书时路过一家店，店里有个年轻人正悠闲地喝茶看书，书名叫《穷爸爸，富爸爸》，这勾起了王铭的兴趣。

他走进去说："你也在看这本书啊！真巧，我昨天刚看完！里面提到的一些价值观和教育观让我受益匪浅！"

年轻人接话道："是啊！它能教给人许多东西，简直是进入社会必学的教材。我虽然没有上过大学，但我认为从社会上学到的东西往往更加丰富和实用。"

王铭赞同地点点头："确实如此。你的观念正是书中富爸爸所提倡的。学历并不能证明一个人的才智，但对社会的认知层次往往能够反映出他的心态和智慧。年纪轻轻能说出这样的高见，可见你对这本书的研读有多深入了。"

年轻人脸上露出谦逊的笑容，"我这个人从小学习成绩一般，但就爱看看课外书。"

"这就很好啊！每个人都有自己的天赋，你显然更擅长从书中汲取智慧。况且你这么年轻就已经拥有自己的店铺，要是将书中的理念融入你所在的领域，以后还不得越做越大！"

年轻人听了王铭的夸赞，话兴大增，从书籍分享讲到了自己的理想和人生规划。最后，他主动地向王铭订购了不少图书，还和王铭成了好朋友。

分析：

王铭能和这位年轻人成为朋友，关键是王铭能抓住年轻人最爱听的话，进行引导。他凭借共同的兴趣点——《穷爸爸，富爸爸》一书，与年轻人迅速建立了情感上的共鸣，拉近了彼此的心理距离，并给予的个性化赞誉，诸如对年轻人知识运用能力的赞赏，以及对其未来事业发展的期许，让年轻人觉得自己被珍视，因而与他建立了深厚的友谊，买书也成了自然而然的事。

在推销过程中，当你与客户说话时，若要获得对方的认同，就一定要善于抓住每件事情的重点来谈自己的感受，直接认可对方最核心的东西，这样，你才是挠到了对方最"痒痒"的地方，让对方感觉非常惬意和舒服。

学会找到对方最想听到的话，然后说给对方听，这样，你将能迅速获得对方的好感，进而赢得销售的机会。

一般来说，我们可以从以下几方面入手。

1. 兴趣爱好

客户的兴趣爱好能透露给你许多信息，譬如性格、习惯、价值观等，所以，了解客户的兴趣爱好，就相当于抓住销售的契机，而且，若是在构建与客户之间的良好关系时，你与对方兴趣相投，就更能产生共鸣，能有效缩短彼此间的距离，实在是发展关系、完成合作的有效手段。

但需要注意两点：一是无论这种默契是否存在，关注并尊重客户的兴趣始终是推动销售进程的重要一环；二是你所谓一致的兴趣一定要尽可能地名副其实，不能只是随口一说，否则客户在你更进一步地谈起时，就有可能穿帮。因此，你必须花时间研究对方的兴趣。

2. 顺从客户的意思往下说

当客户表达某种看法的时候，即便自己有不同意见，也不要反驳，而是顺从对方的意愿往下说，站在客户的角度理解他的想法，这样才会使客户有与你交谈的兴致。顺从客户的意思往下说也是销售高手们常用的一种沟通技巧。

3.谈论客户引以为傲的事情

拉近与客户距离的有效方法是谈论他们引以为傲的事情。但面对不同对象，尤其是初次见面的客户，在无从得知的情况下，就需要从其他方面探听和了解。比如从他所在的社交圈找和他有交集的朋友打听，当然，要保证事情的真实性，或用语言引导对方吐露，捕捉对方话语中的骄傲。

第五节　赞美要跟着客户实际情况走

赞美客户是一种高效且人性化的沟通方式。然而，赞美并非一成不变的套话，它需要根据客户的年龄、职业乃至性格的差异进行灵活调整。生搬硬套的赞美不仅可能无法达到预期效果，甚至可能让客户感到不适或反感。如同样的一句话，可能年轻人爱听，但老人不喜欢；男人爱听，女人就很讨厌。因此，销售员必须学会察言观色，因人而异地运用赞美技巧。

例如，年轻人往往更加关注自我价值的实现和同龄人的比较，他们渴望被认可为有能力、有潜力、与众不同的人；中年客户则可能更加重视家庭、事业的稳定与子女的未来，他们希望得到的是对自己社会角色和家庭责任的肯定；而老年客户，无论财富多少，健康长寿和过往经历往往是他们最珍视的，因此，对他们的赞美应侧重于生活态度、精神状态和丰富的人生经验。

销售情景：

一位销售员向一位穿着雍容华贵的中年女士推销一款护发素。

销售员："您的头发经常烫染吧，这多伤头发呀，如果能做一次全面的护理，将会更加有助于保护您的发质。这款护发素的质量非常好，姐姐要不要考虑一下。"

女士："下次再说吧。"

销售员："姐姐，您看起来非常有气质，您保养得真好，建议您以后别忽视了发质的保养，不然，您的头发盘起来就没有现在这个效果了。"

女士笑笑说："那就保养一下头发吧。"

这位销售员又向一位穿着时尚的年轻小姐推销一款护发素。销售员："您这么好的发型，没有好的头发，再好的发型也会大打折扣的。这款护发素的质量非常好，妹妹，要不要考虑一下买一套？"

女孩："下次再说吧。"

销售员："妹妹，您这么年轻、这么漂亮，您一定要将这样亮丽的的发质保持下去。"

女孩想了想说："那就买一套护发素吧。"

分析：

不同年龄的人在购买产品时会呈现出不同的心理特点，自然赞美的角度也就不同。案例中，中年女士一般注重保养，所以销售员从"保养得好"这个角度赞美她；年轻女孩一般追求时尚，所以销售员从"年轻漂亮"这个角度赞美她。因此，针对不同年龄段人群的特点，销售员平时就要多积累一些赞美性的语言，这样才能在面对客户时运用自如。

　　赞美并非随意而为，它需要基于对客户的细致观察和准确判断。只有真正符合客户特点的赞美，才能触动他们的内心，产生积极的回应。因此，销售员必须学会如何根据客户的差异性，运用恰到好处的赞美语言。

一、年龄差异：岁月流转，赞美也要与时俱进

　　年龄是影响人们心理和行为的重要因素之一。不同年龄段的客户在价值观、兴趣爱好、生活状态等方面存在显著差异。因此，销售人员在赞美客户时，必须充分考虑年龄因素，做到因年龄而异。

　　1.青年客户：激发潜力，展望未来

　　青年客户通常充满活力、追求时尚和个性，他们渴望被认可和赞美。在赞美青年客户时，销售员可以从以下几个方面入手。

　　（1）年轻与活力

　　赞美青年客户的年轻和活力，能够激发他们的自豪感和自信心。例如："你真叫人羡慕，不光年轻有为，还充满活力。"

　　（2）个性与时尚

　　青年客户通常注重个性和时尚的表达。赞美他们的独特风格和时尚品位，能够拉近与他们的距离。例如："很少有人能驾驭这种颜色的头发，这使您肤色更干净，整个人更俏皮。"

　　（3）潜力与未来

　　青年客户渴望被看到潜力和未来。赞美他们的能力和潜力，能够激发他们的斗志和进取心。例如："您如此有能力，未来一定能取得更大的成就。"

2. 中年客户：肯定成就，关注家庭

中年客户通常事业有成、家庭稳定，他们渴望被尊重和认可。在赞美中年客户时，销售员可以说："您对家庭和事业的平衡把握得真好"，或者"您对行业的洞察既深刻又务实，这种经验与智慧的结合特别难得。"

3. 老年客户：尊重历史，关注健康

老年客户通常经历了丰富的人生历程，他们渴望被尊重和理解。在赞美老年客户时，销售员可以从以下几个方面入手。

（1）历史与经历

赞美老年人的历史和经历，能够让他们感受到被尊重和认可。例如："您的一生充满了传奇色彩，真是令人敬佩。"

（2）健康与长寿

老年人通常非常注重健康和长寿。赞美他们的身体状况和精神状态，能够让他们感受到被关心和祝福。例如："您看起来精神矍铄，风采依旧，想必经常在家锻炼吧。"

（3）智慧与人生

老年人拥有丰富的人生经验和智慧，这是他们宝贵的财富。赞美他们的智慧和人生感悟，能够让他们感受到被重视和尊重。例如："您的人生经验和智慧真是令人受益匪浅，希望您能继续分享更多的人生故事。"

二、职位与性格：赞美也需量体裁衣

除了年龄外，客户的职位和性格也是影响赞美效果的重要因素。销售员在赞美客户时，必须充分考虑这些因素，做到量体裁衣。

1. 职位差异：尊重角色，突出价值

不同职位的客户在工作环境和职责上存在差异，他们对赞美的需求也不同。销售员需要根据客户的职位特点，进行有针对性地赞美。

（1）公司客户

赞美公司的企业文化、品牌形象、产品质量等，能够展现对公司的认可和尊重。例如："贵公司的企业文化充满着人文关怀，怪不得贵公司的员工如此团结。"

（2）个人客户

赞美个人的才华、成就、品质等，能够展现对个人的尊重和认可。例如："您足智多谋又有涵养，处理问题时总能展现出非凡的智慧与冷静。"

（3）老板与办事人员

对于老板，赞美其领导能力、决策能力、团队管理等方面；对于办事人员，赞美其工作效率、服务态度、专业技能等方面。这样的赞美能够让他们感受到被重视和认可。

2. 性格差异：投其所好，因人而异

不同性格的客户对赞美的接受方式也存在差异。

（1）内向型客户

内向型客户通常比较敏感和细腻，他们更喜欢含蓄而真诚的赞美。销售人员可以通过肯定他们的想法、赞赏他们的细腻之处等方式来表达赞美。例如："您的想法真是独特而深刻，让我受益匪浅。"

（2）外向型客户

外向型客户通常比较开朗和热情，他们更喜欢直接而热烈的赞美。

销售人员可以通过直接表达对他们的欣赏和喜爱来传递赞美。例如："您真是太棒了！您的热情感染了我们所有人。"

（3）理性型客户

理性型客户通常比较注重事实和逻辑，他们更喜欢基于事实的赞美。销售人员可以通过列举具体的数据和事实来支持自己的赞美。例如："您逻辑清晰，说话入木三分，比我们专业的还有条理。"

（4）感性型客户

感性型客户通常比较注重情感和感受，他们更喜欢富有情感的赞美。销售人员可以通过表达自己的感受和共鸣来传递赞美。例如："您的眼睛好敏锐，总是能发现一些别人注意不到的美，生活中一定也很浪漫吧。"

尽管客户不同，赞美应有差别，但销售人员要记住一点：真诚、具体、符合场景、有个性等要点应贯穿于所有赞美语之中。

第二章
会听的销售员更受顾客欢迎

在激烈的市场竞争中，销售员仅凭口才已不足以立足，要成为顶尖销售员，还需具备倾听的能力。因为客户常常会通过陈述来表达需求、见解，甚至倾诉难题，而积极倾听能助力我们获取更多讯息。只要销售人员牢记"倾听先行"原则，能够做好聆听的工作，那么就能更好地引导客户投入沟通，显著提升销售效率，使工作事半功倍。

第一节　把耳朵借给客户，激发客户的交谈欲望

在销售领域，聆听是一项被低估的关键技能。它不仅是对客户的一种基本尊重，还能帮你了解对方在听你讲述产品后的接受和理解程度。所以，销售的关键不在于说多少，而在于听多少。与其口若悬河，不如闭上嘴巴，将耳朵借给客户，很可能会有意想不到的收获。

一般情况下，销售员与客户刚开始接触时，客户是不会马上对产品产生兴趣的，因为他们还心存芥蒂，而如果能够在最短时间之内找到客户感兴趣的话题，然后再伺机引出自己的销售目的，那么就可以使整个销售沟通充满生机。也就是说，引起客户注意，善于倾听，找出客户的厌恶与喜好，激发客户兴趣，让客户感到满意，这是一个好的销售的开始。

销售情景：

曹健进入一家网络公司已经半年了，但成交的订单屈指可数，反观当初和他一同进入公司的周伟，上个月都已经荣升经理了。他觉得

不公平，自己早出晚归地拜访客户，竟还不如周伟坐在工位打电话来的订单多。

但现实不得不让他低头，为了业绩，他只能硬着头皮去请教对方，周伟却给他讲了这样一个故事。

"刚入职不久，我到一家大型化工厂洽谈业务，没想到接待我的那位领导居然只比我大几岁，很年轻。即便如此，我也没有贸然开口，一来是觉得自己刚做这行，还不太熟练，说得越多可能错得越多，二来我认为对方虽年轻，但能当上领导必定是有过人之处，不能轻视，所以不如先听听对方会说些什么，探探虚实。"

"我抱着这样的想法同他寒暄起来，但无意间的一句话好像点燃了他，他开始跟我大倒苦水。他说他是个'海归'，当初学的是经济学专业，那会虽然在国外，但对祖国的经济发展也很关心。然后就滔滔不绝地讲起了当下的社会经济，现在我都能清晰地想起他当时眉飞色舞的样子。尴尬的是，他说的很多专业术语我都听不懂，我只好不断地点头回应，并且更认真地听。他说完又感慨起了工作，他说自己有很多创新想法，可以帮工厂增加不少收益，但厂长接受不了，总觉得这些理念太超前，他觉得自己空有热情与才华却无法施展。"

周伟看向曹健道："你一定很好奇那句话是什么吧。"

曹健点点头。

周伟说："我只是礼貌地关心他，说'当领导应该很忙也很累吧'，却没想到拉近了我们之间的关系。我们像朋友一样聊了很多，直到天黑。临近分别时，他拍拍我的肩膀，说：'很久没有和别人这样痛快地说过话了，觉得自己浑身都轻松了许多，感谢你能听我说这么久，作为回报，明天一早你把合同带过来，我们细谈吧。'就这样，我成功地谈下了这一单，他还帮我介绍了很多业务，成了我的忠实客户。"

听到这里，曹健茅塞顿开，恍然大悟……

分析：

案例中，周经理出于谨慎而选择倾听，无疑是明智的。毕竟在自己经验不足又初次面对客户时，"倾听"更为稳妥。他用寒暄接近客户，因为一句感同身受的话博得了对方的好感，成功消除了客户的戒备心，激活了对方想要大谈特谈的欲望，变相地给了客户一个发泄的出口，因此拿下订单也是水到渠成的事。

那么具体来说，销售员应该如何从倾听中挖掘出客户的喜好与厌恶，进而找到与客户沟通的契机呢？

1. 集中精力，专心倾听

高效倾听的秘诀在于全神贯注，这是实现良好沟通的基础。因此，在倾听客户的"侃侃而谈"之前，一定要让自己的身体状态、心理状态以及情绪状态都调整到最佳。否则一旦它们出现"疲态"，你的倾听效果就会大打折扣。

2. 制造氛围，引出话题

大量销售经验告诉我们，人们总是愿意与那些和自己有共同爱好或者兴趣的人沟通，而讨厌与那些和自己的人生观、价值观完全背离的人沟通。因此，要想成功激活客户的倾诉欲，就要先为此搭好舞台，制造出话题氛围。这就需要销售员多点细心、耐心，以及随机应变的能力，由浅入深地将话题逐步从对方的兴趣过渡到你的产品上，最好能在二者之间找到一处契合点，这样才方便你接下来的销售。

3. 不随意打断客户谈话

任何时候都不应该随意地打断客户的说话，这是最起码的尊重，无论对方的观点是否正确。尤其不要在客户情绪激动的时候插话，甚至自主更换话题，无异于火上浇油。确保客户能够自由、完整地表达自己的想法才是明智的选择。

4. 要有积极的回应

倾听也需要有回应，适时的反馈也是一种鼓励，从而激起客户继续讲述的欲望，否则会让客户觉得你只是在敷衍。

反馈性的表示可以分为两种，一种是语言反馈，比如"嗯嗯"表示认同，或略微夸张地惊叹"天哪""太不可思议了"等，还可以重复一些重要的句子或提出几个顾客关心的问题，保持一种强烈的好奇心；另一种是动作反馈，比如微笑点头、欠身、双眼注视顾客或边听边记录等。这样顾客会因为推销员如此专心地倾听而愿意更多、更深地暴露自己的观点。

由此可见，成功销售是有章可循、有法可依的。只要在销售过程中巧妙运用沟通技巧，不断探索总结自身的销售心得，就能在销售这个舞台上游刃有余！

第二节　听弦知音，洞察客户的兴趣与痛点

在当今这个竞争激烈的市场环境中，自己的产品要想在众多同行

中脱颖而出，就必须深入理解并准确把握客户的需求与兴趣。而要实现这一目标——倾听便成为了连接产品与客户的桥梁。

成功者的耳朵擅长听到弦外之音。作为销售人员，在和客户沟通时，不仅要了解那些话的本意，更要学会洞察客户话语背后的信息，厘清客户的想法，比如他们对产品功能的偏好、使用场景的描述以及语气发生变化等。只有探破别有所指的秘密，才能摸清楚顾客的心思，从而选对销售产品。

一、摸清客户对产品的兴趣点

在和客户交流之前，首先要弄清楚顾客的禁忌和偏好，这是激发客户表达欲的先决条件。因此，销售员在会见顾客时，可以首先听取顾客的意见，捕捉顾客的喜好，然后针对它，进行焦点式的交流。这样做的好处是一方面可以避免自己提供的产品不符合客户需求，被客户拒绝的风险；另一方面还可以为自己搜集客户信息找到充足的时间，起到"无声胜有声"的作用。

销售情景：

刘女士打算开一家少儿书法培训班，主要针对 7 到 12 岁年龄段的孩子。教室里东西都置办得差不多了，还剩课桌和椅子没着落，于是她打算到儿童家具一条街看看。

她选择了一家全国知名儿童家具品牌门店准备进去挑选。销售员热情地迎上去，问她想要什么样的家具。

刘女士说："麻烦给我介绍几款适合 7 到 12 岁儿童写字的桌椅吧，最好是能调节桌椅高度的。"

售货员为她介绍了四款产品，然后指着其中一款殷勤地说："您看这套桌椅，材料用的是上好的白橡实木，外观看着也漂亮又高级，是特意聘请著名设计师设计的呢！"

刘女士虽不悦，但仍耐着性子回答："这些对我来说并不重要，我比较关注它的具体构造，比如高度调节设计、边角、椅子靠背之类的……"

话还没说完就被售货员打断了："我知道您想说什么，这套都符合您的要求，而且它不光加了保护层，还有其他功能，这样打开还能当梳妆台用呢，是不是两全其美！"售货员边说边动手展示。

刘女士听了怒不可遏，冷冷道："我已经明确告诉你我的需求，就是想挑一套实用的桌椅给孩子用。你说来说去，一句都没在点子上！算了，我再去别家看看吧！"

分析：

在这个案例中，这位销售员的推销行为无疑是失败的，不仅没有认真倾听客户的需求，还打断了对方说话，尤其在买家已然直截了当地提出了自己对产品感兴趣的地方，她还顾左右而言他，导致交易失败。

当然，"少说多听"并不意味着不说，而是把谈话的主动权让给客户，你在沉默中倾听，搜集客户的需求信息，找到客户的兴趣点。找到了客户对产品的兴趣所在，就找到了说服客户的理由，这是成交的基础。但并不是所有客户都像案例中的刘女士一样，直白地表达自己的兴趣点，很多人往往会故意隐藏自己对产品的偏好，装作不感兴趣以达到杀价的目的。所以，对于销售员而言，想要发现客户隐藏起来的兴趣点，除了会听，还要会看，要从多个方面、结合实际环境去分析，而不是从客户单一的表现就断定客户的需求。

两步帮助你在倾听时迅速摸清客户的兴趣点：

1. 听出顾客的弦外之音

同客户交谈时，要注意聆听话语背后的"潜台词"，这里面包含着更多讯息，如消费习惯、审美标准等，这有助于销售员更好地了解客户的购买意向以及对商品的评价和判断标准，进而获得与自己的产品相关的信息，确定销售的切入点。

2. 对顾客做出"判断"

通过针对性的倾听，对客户的性格、购买能力、需求点等有个大概的判断，从而决定自己采取什么样的推荐技巧，并给出最适合对方的方案或者产品。

二、洞察客户的痛点

痛点主要指客户在使用产品或服务过程中遇到的具体问题、不满或挑战，这些问题通常会给客户带来不便，影响客户的使用体验和满意度。只有准确找到客户的需求痛点，才能提供更好的解决方案，从而获得客户的认可。

销售情景：

李明是一家数字项目软件公司的销售代表，他今天的目标就是说服本地区最负盛名的一家广告公司与他签订合同。

其实，抱有这样想法的软件公司不在少数，但迄今为止，很多的销售员都无功而返。面对这样大的"香饽饽"，李明也没有十足的把握，只能尽力一试。

对方公司的项目经理张薇接待了他。这位雷厉风行又专业的经理看起来并不好接触，李明不由忐忑起来，但面上依旧保持着自信的微笑。

"张经理，您好！我是李明，来自××项目软件公司。感谢您能抽出时间与我见面。"

通过观察，李明认为自己准备好的说辞可能完全不适用于对方，所以临时起意，打算先听听对方怎么说，好见招拆招。

"您能做到项目经理的位置，一定在这方面研究得很透彻，我想听听您对当前项目管理流程的看法，以及您认为有哪些方面是可以改进的？毕竟，最适合的解决方案往往源自对需求的深刻理解。"

张薇没想到李明居然会这样问，于是回道："好吧，那我就说说我的一些想法，我认为……"

李明越听越认真，不仅赞同地点头回应，听到关键处还拿出纸笔记录。而张薇好似受到鼓舞一般将更多细节都讲给李明听，譬如团队协作中比较常见的障碍、数据追踪和分析的不足等。李明将这些信息一一记录下来，心中已经初步勾勒出了一个定制化的解决方案框架。

说了许久，张薇才停下，有些歉意地说："不好意思，一时兴起，没想到说了这么久。"

"没有没有，您的分享正是我所需要的，这些信息对我来说很珍贵。"李明诚恳道，"听完您说的，我又在原来的基础上加入了更多的想法。现在，让我为您介绍一下我们的解决方案，想必应该能够帮您解决以上问题。"

接着，李明摊开刚刚记录的内容，详细地介绍了自己的项目管理软件，每一项功能都紧密贴合了张薇之前提到的问题，还能极大程度地提高工作效率。张薇很是满意，主动邀请李明参加下周的部门会议，以便更深入地讨论合作细节。李明知道，这次的合作十拿九稳了。

分析：

案例中，李明的成功在于他能及时调整销售方案，用良好的倾听态度和足够的耐心打动对方。通过倾听，李明精准地抓住了客户的痛点——对目前项目管理过程中存在的不足感到不满，进而对症下药，提出了定制化解决方案，与客户成功达成了合作意愿。

那么，怎样才能知晓客户的痛点？

最有效的办法就是倾听用户体验，销售员通过倾听客户对产品使用效果的感受，积极收集客户的反馈意见，及时了解客户的需求痛点，快速调整自身的产品和营销策略。

倾听并不难，但是要做到把客户的每一句话都听进心里确实有一定的难度。在销售过程中，学做一个可以容纳"百川"的听众，并把对客户的尊重和诚意表现在脸上和行为上，这样你将会有很多意想不到的收获！

第三节　留心倾听，抓住最佳的销售时机

与客户沟通是信息互通、相互成就的过程，千万不能握着"话筒"不撒手，你说得越多，客户就越陷入被动，被你牵着鼻子走的人又怎会甘愿买你的产品。真正智慧的销售员会维持话语权的平衡，鼓励客户尽情表达，而自己则需全神贯注，留心倾听，唯有如此，才能敏锐

捕捉那些转瞬即逝的购买信号，精准把握并有效利用最佳销售时机。

销售情景：

陈娇是一名婴幼儿用品推销员，为了拓宽客源，这天她来到了附近新建成的小区。在小区公园的长廊里坐了没一会儿就过来两个人，一位孕妇和一位大妈。陈娇礼貌地朝大妈点头，轻声询问："来晒太阳了？这是您女儿吧，跟您长得真像。"

大妈接过话茬："嗯，我女儿过段时间就要生了，这不，刚从老家过来，就为了照顾她。"

然后陈娇亲切地提醒孕妇："这椅子虽然是木头的，也别坐太久，入秋了天凉，现在坐着没感觉，过两年觉得不舒服就晚了。我姐就吃过这样的亏，还好胎儿没什么大问题。"

大妈听到她这样说，一下子找到了知音："可不是，我都说她多少次了，就是不往心里去，又是吃冷饮，又是喝咖啡，还碰冷水……我一个退休医生的话她都不听。"

陈娇惊讶地看向大妈，面露钦佩："您居然是医生？恕我眼拙，竟然没看出来。"

大妈笑呵呵地说："我曾经在市医院妇产科当医生，因为工作表现突出，还被医院嘉奖过呢。所以要论照顾孕妇和小孩，我是再了解不过的了。"

"真的吗？那我可要跟您好好学学，以后怀孕就少多少麻烦呢！"陈娇微笑着回应。

就这样，大妈一连讲了半个小时，从怀孕和生产后的注意事项讲到生产后身体的恢复，而陈娇也听得认真，时不时地点头附和并提问。

直到讲到新生儿的护理时，陈娇适时地接过话题，谈起了自己的产品，那对母女已经开始看陈娇手中的产品资料和样品了。

分析：

案例中，陈娇之所以能让这位老妇人对自己的产品感兴趣，是因为她先掌握了大妈关心孕妇的心理，然后巧妙地引导对方围绕孕妇—产后—婴儿这条线进行倾诉，将自己放在"听众席"上积极倾听，等话题与产品搭上关系的时候顺势介绍自己的产品，这样的推销也就容易多了。

那么，销售人员该如何掌控销售进程，在恰当的时机由倾听转到销售话题呢？

1. 从关心客户需求入手

在实际的营销活动中，有些销售员只会从自身角度去思考问题，不管不顾地将产品的所有信息倒给客户听，却根本不考虑客户对此有没有兴趣。所以，这些销售员开口就意味着失败。要明白，客户亲近你是需要条件的，至少需要一个充满契合的话题存在，否则一切努力都是白费，而关心客户的需求显然就是一个很好的出发点。

对于客户的实际需求，销售人员需要在沟通之前就加以认真分析，以便准确把握客户的需求，然后从客户需求出发寻找共同话题。

2. 多倾听有利于销售的内容

销售员需要倾听出以下几点：

核心点：这里的核心点指的是产品中吸引客户的地方，即能满足客户需求的某个"点"。

情绪点：人都是有情绪的，或欣喜、或气愤、或热情、或冷漠等。

客户在和你进行沟通的时候也会流露出一些情绪，而你需要结合语言判断对方的情绪真假，进而分析出是否有利于购买成交。

敏感点：世界上没有完美的产品，因此，产品或多或少会存在某些让客户不满意的地方，无外乎价格、折扣、性能、保障、售后服务、购买承诺等。

3. 询问客户，巧妙引导

并不是所有的客户都会直白地告诉销售员自己的想法。有的客户因为语言表达能力的原因，无法将所想的内容清楚准确地表达出来；而有的客户则不愿将所要传达的内容告诉销售员，所以就需要销售员及时询问客户，比如，对产品的看法，是否明白自己对产品的介绍，在意产品的哪些地方等。提问能让你对对话过程有更多的掌控，并能更好地调动客户的热情，获取更多有助于成交的信息。

询问的时机也需要注意，你向客户解释一段后，就应该向客户进行询问，比如问对方"关于这一点，您清楚了吗？"或者"您觉得怎么样？"这样就给客户提供了一个说明他的想法的机会。

4. 确定客户需求后，要及时将话题转到销售上

一旦明确客户需求，就要趁热打铁，及时将话题从需求转移到产品销售上，不要在需求部分多做停留。比如："大爷，最近听说又有冷空气要来，今年冬天的天气真是没有往年好呀。您岁数大了，尤其要注意保暖，除了能预防感冒之外，还可以减少关节炎的疼痛。您看一下这件适合老年人穿的加厚羽绒服，它既暖和又舒适，而且非常耐穿……"

另外，在将话题转换到销售上时，要多使用积极的语言，这样在

转换话题的时候会更自然、巧妙，能更好地引导顾客从有利的一面看待产品，促进产品销售。

第四节　保持你的专心致志

倾听是销售工作的基石。若缺乏倾听，销售员便无法准确把握客户需求，更无从谈起有针对性地开展销售工作。因此，要深刻理解客户的每一句话，甚至领悟其言外之意，销售人员就必须在聆听时排除一切干扰，全心全意地关注客户。唯有如此，销售员才能洞察客户的内心世界，捕捉到客户的细微需求，从而以高度负责的态度对待每一位客户。

当然，在销售领域，有些销售员凭借出色的个人能力和高超的人际沟通技巧，能够轻松赢得客户的认可与赏识，使得销售工作的推进如鱼得水。然而，也有一些销售员因自身能力或经验的局限，在面对客户时显得信心不足，甚至因紧张而不知所措。对于这类销售员而言，如何做到对客户问题应答如流，并在交流中占据主导，积极引导客户解决问题呢？不如先做一个沉默的倾听者，然后再逐步提升和完善自身的表述能力。

销售情景：

乔·吉拉德，作为汽车销售界的传奇人物，其辉煌成就并非源于天赋，而是源于不懈的努力和坚持。一次，他接待了一位长期跟进的客户，经过努力，客户终于决定购车。在愉快的交谈后，客户甚至决定立即前往财务室完成交易。然而，就在这个关键时刻，乔因一时松懈犯下了错误。

客户在离开会议室前提及自己即将大学毕业的儿子，但乔未能及时回应。这一疏忽导致客户态度骤变，突然决定放弃购车。乔对此深感困惑，不明白交易为何会突然告吹。

后来，在乔的不懈努力下，客户才再次选择与他合作。这时，乔才得知，正是因为自己走神，没能及时回应客户关于儿子的夸赞，才让客户心生不满。这次经历让乔深刻认识到倾听的重要性。

从此之后，乔在与客户交谈的时候不再分心，哪怕客户下一秒就要去交钱，他也会认真地倾听客户的每一句话，给客户最及时的回应和最好的交流体验。正因为如此，乔在销售方面才有了突飞猛进的发展，也获得了巨大的成就。

分析：

因为忽略了客户的一句话，所以乔眼看着已经要成交的客户，突然间改变心意，不愿意继续成交了。乔后来才知道客户是因为夸赞儿子的话没有得到自己的重视，所以才会突然改变主意，不愿意继续成交。每一个销售人员，在与客户交流的时候一定要专心致志，哪怕知道客户接下来要去交钱，也要保持淡定，这样才能调整好心态，认真地倾听客户意见。否则，一旦错过了客户最重视的那句话，也许结果就会截然不同。

当然，销售员也是人，不可能对于客户始终面面俱到。要想成为优秀的销售员，最重要的是努力提升自己，尽量让自己做到最好，当遇到客户的否定和批评时，一定不要在第一时间表示排斥和抗拒，重要的是认真倾听客户的意见，积极主动地反思自己，这样才能不断地提升和完善自我，也才能在销售工作中有进步。作为销售人员，永远不要因为错过一句话而错过一单生意，也许你已经对客户付出了很多，唯一欠缺的就是对客户的全心全意和专心致志。

保持专心致志，对于销售人员来说既是一种挑战，也是一种必须掌握的技能。以下是一些实用的方法和技巧，可以帮助销售人员在与客户交流时保持高度的专注。

1. 做好准备

充分的准备是保持专注的前提。在与客户见面之前，销售人员应该尽可能多地了解客户的信息，包括他们的背景、需求、购买历史等。这样，在交流过程中，销售人员就能更加有针对性地提问和倾听，减少因对客户信息不熟悉而导致的分心。

2. 设定目标

在每次销售交流之前，销售人员应该明确自己的目标和期望。这些目标可以是了解客户的具体需求、解决客户的疑虑、推动销售进程等。有了明确的目标，销售人员就能更加专注地与客户交流，确保自己的每一句话、每一个动作都是为了实现这些目标。

3. 排除干扰

在与客户交流时，销售人员应该学会排除各种干扰。这包括关闭手机、保持环境安静、避免其他客户的打扰等。同时，销售人员也需要学会控制自己的情绪和思维，避免因为个人原因而分心。

4. 练习冥想与专注力训练

冥想与专注力训练是提高专注力的有效方法。销售人员可以通过定期的冥想练习来训练自己的专注力，使自己能够在与客户交流时更加容易地保持专注。此外，一些简单的专注力训练游戏也可以帮助销售人员提高自己的专注能力。

第三章
独特开场白，快速吸引客户目光

一个好的开场白必须极富魅力，能够迅速引起客户的注意，让他们愿意抽出时间倾听你接下来的产品介绍，或配合你的其他销售行为，从而为最终达成交易迈出关键的一步。所以，每个销售员都必须掌握这项技能，用令人印象深刻的开场白，留住客户，从而确保销售活动的顺利进行。

第一节　别出心裁的开场白能让交易成功一半

所谓的"开场白"，指的是销售员在正式进入销售主题前要和客户说的话，这些话会和你的第一印象挂钩，所以说好这几句话至关重要。正所谓"好的开始是成功的一半"，假如销售员能用开场白将客户牢牢抓住，让他们对你另眼相看，那么，后续的对话就会顺畅且愉悦许多。

销售员应该都或多或少地经历过"闭门羹"，他们常常在电话访问或上门拜访客户时还没说几句话就会被对方打断，然后被客户拒绝。面对这样的状况，一方面销售员要提前做好被客户拒绝的心理准备，另一方面也要学会总结经验，根据自己对客户的分析与判断来重新设计开场白，尽量在初次与客户进行沟通时获得对方的好感，为接下来的产品销售做好铺垫。

销售情景：

一名销售员来到客户主管的办公室，向他推荐自己公司的服务。

他一进来就开门见山地介绍："我叫××，是××公司的销售顾问，这次来到贵公司是与你们一起处理问题，还让您多赚一份钱的。"

客户虽然不太相信，但出于对利益的看重，还是让他继续讲了下去。

他说："我们公司在这个地区已经做了二十多年，最近十年来，我们的员工增加了十倍，占据了30%的市场份额，而且很多客户对我们的服务十分满意，并多次为服务项目续费。就以和××公司来说，他也在做和您类似的产品，最近经营得十分火热，但你应该也听说过，前段时间他们的情况并不是很好，直到后来用了我们的产品。"

他利用对方对利益的渴望主导了销售访谈，充分赢得了客户的关注。

分析：

用这样一个简单的开场白，销售员已经为自己、他的公司，以及他的服务建立了从零到最大的信赖度。他以利益为核心回答了"它安全吗？""它可靠吗？"这两个问题。他用利益打开了顾客的心，并用利益降低了顾客的抗拒，所以顾客马上就很有兴趣地想知道他过去的客户得到哪些利益，而顾客也将会从他的服务中得到哪些好处。顾客开始总会有抗拒与疑虑，但逐渐就会变成开放与接受。

销售员必须谨记：开场白并非买卖，它仅仅是行销流程中的一小部分。它虽小却不容忽视，其设计得好与不好，将直接关系到整个销售活动的发展方向。所以，设计一个新颖的开场白很有必要。

以下几种开场方式就比较特殊，销售员可以酌情参考。

1. "2分钟"开场白

所谓"2分钟"开场白不是真的让销售员准备两分钟的开场白，而是给客户一个固定时间，你要在该时间段内说出你想表达的内容，时间截止，你的谈话也要随之结束，无论是否表达完整。

销售员在说这句话的时候，最好拿出手表或手机计时，让客户直观地感受到时间的流逝。当说至最后十秒的时候，哪怕还没说完也要就此暂停，然后诚恳地看向对方，表示"约定的时间快到了，如果您允许，那么我将继续为您介绍"，而大多数情况下你会被留下，并且拿到订单。

这里需要注意两点：一是要在短时间内把握好所讲的内容，将产品的最大卖点或客户最感兴趣的地方讲出来，而且最好留下悬念，让客户产生继续探听的欲望，认为没讲完的才是重头戏。二是注意语速，不要因为时间限制就赶着说，平稳的节奏才更能体现出你的自信和专业。

2. 利益驱动型开场白

几乎所有的人都对金钱感兴趣，省钱和赚钱的方法很容易引起客户的兴趣，因此销售员可以根据人们这种容易受到利益驱动的特点去设计自己的开场白。如："马主管，您愿意每年省下 10 万元的采购成本吗？"

3. 请教式开场白

在销售过程中，采用请教式的开场白是一种既谦逊又能够有效建立信任的方式。特别是在事业上有一番成就的客户，请教就是在给对方变相炫耀自己成功经验的机会。所以，他们多半不会拒绝你的虚心讨教，很乐意解答你的疑问。

当然，这一方法也适用于其他群体，只要找准客户的长处向对方求教，就能很好地引出话题。要注意话题和销售产品的关联性。

销售员在设计开场白的时候，一定要记住，不管是什么类型的开场白，都要对客户表现出一种亲切、有礼貌的态度，用恰当的方式来称呼客户。唯有如此，客户才能觉得受到了尊敬和关怀，给你的印象加分，同时也给了客户更充分的空间来做出决定。

第二节　找准话题，陌生人也能一见如故

倘若你的开场白总是局限于一段刻板且缺乏特色的自我介绍，随后再客套地寒暄一番，那么就请做好被客户拒之千里的准备吧。人们总是因为陌生感而产生顾虑，这就导致沟通只能流于表面。但沟通越是不深刻，谈话氛围就越僵硬，也只会让客户竖起防御的屏障，加剧彼此间的疏离感。

之所以出现这种现象，除了缺少和陌生人说话的勇气和信心外，彼此找不到共同话题也是一个重要的原因。好的话题，是初步交谈的媒介，深入细谈的基础，开怀畅谈的开端。一旦找到共同的话题，就能使谈话融洽自如。有些销售员在第一次结识陌生人时，就能与之顺畅地交流起来，十分"自来熟"，这种能让陌生人"一见如故"的技能无疑对自己的工作和事业大有裨益。

"物以类聚，人以群分"，从这点来说，所有人的交际实际上都是在围绕着自己画圈，即以个人为圆心，按照年龄、籍贯、职业、兴趣、习惯、阅历、学识水平等要素组合成的半径生成交际圈。当同自

己类似特质的人出现，那么圈子就会产生重叠，而重叠的面积越大，就表示能谈论的共同话题越多，也越容易引起与我们志同道合的人产生共鸣。所以，在和陌生人沟通时，一定要留心交际"半径"中的要素，这就是制造共同话题的关键所在，如此才能引起对方的谈话兴趣，沟通才会更加深入长久。

销售情景：

一位乘客上车安顿好自己的行李后，就找出一部电影打发时间。等火车到达下一个目的地时，胡先生上车了。他放下旅行包，给自己冲了杯浓茶，开始研究那位看电影的旅客。

过了会，他和对方搭讪："您上车有一会了吧，也是去××地旅游吗？"

对方看了他一眼说："没，刚到一会儿，我过去办个事。"

胡先生说："没想到我们的目的地一样啊！听您口音好像是南方人。"

"嗯，我是湖北武汉的。"

"噢，武汉，好地方啊！我前段时间还去过呢，跟着朋友吃了很多特色美食，还看了天下第一的黄鹤楼，可惜时间短，都没玩尽兴。"

这下勾起了对方的兴致，饶有兴趣地和他讲起了自己的家乡。二人你来我往，聊得热火朝天，不知底细的人还以为他们是一道来的呢。临下车时，二人不光交换了名片，还相约去吃饭。

饭桌上，二人又聊起了自己的工作，没想到自己所负责的项目，正是对方刚好需要的，于是顺理成章地签下了合同。胡先生从对方的皮革工厂订购了一种商品，而对方也以更好的价钱从他手里进购了一批取暖电器。

分析：

在上面的例子中，两位互不相识的乘客能够一见如故，交上朋友，就在于胡先生找到了"武汉"这个共同的话题，化解对方的防御心理的同时，顺利地与之建立了互信互利的关系。

那么，怎样才能找到与陌生人之间的共同话题呢？

1. 心思细腻，善于观察

一个人的心理状态、精神追求、生活爱好等，多多少少都会体现在他们的神情、衣着、说话、举止上，只要你观察得足够仔细，一定能找到一些相同之处。

察言观色发现的东西，应该和对方的喜好联系在一起。若是自己也感兴趣，就有更大的机会来破局，不然就算你找到了共同之处，但没有把握好对方的情绪，也难以进行更深层次的交流。

2. 主动开口说话

面对一个新客户，其外表的陌生感并不可怕，可怕的是你不能与他交谈。交流的前提一定是你主动开口说话，只有你积极、热情地破冰，关系才能拉近。

开口说话的方法很多，比如，用打招呼开场，询问对方的籍贯、身份等，从中获取有用的信息；还可以通过对方说话的口音、言辞，观察判断对方的情况；以动作开场，也是一种常见的方法，再帮助对方做一些急需帮助的事，也能够发现有用的信息。

3. 细加揣摩，仔细分析

要想找出和陌生人的共同之处，就得注意对方在谈话中所说的内容，从中去分析、了解，找出共性。

4.深入挖掘共同点

在现实生活中，找到共同话题和陌生人打交道并不难，但只停留在这一层面是不够的。只有将话题不断拓展，才会发掘彼此更多的共同之处，如此才能聊得更深入，更有利于产品销售。

第三节　"套路"开场话术也能得人心

很多销售人员都觉得开场最难，尤其是在面对不熟悉的客户，所以，对大部分销售员而言，一些较为稳妥的开场白"套路"也是比较实用的。

从营销心理来看，抓住客户注意力的最佳时机是在见面的前三十秒钟，如果你能在这三十秒钟的时间内给客户留下足够的印象，那么接下来的销售就容易多了。所以，当你与客户交谈时要充分把握这"黄金三十秒"，因为你所说的在很大程度上会影响客户的倾听兴趣，而只有你的内容足够吸引客户，才能激发客户的兴趣点，产生购买商品的冲动。

销售情景：

小韩是一名专业的商业租房销售顾问。某日，她接待了一位客户，对方表示想租一个办公场地，但几乎将所有房源都看遍了，却仍不满意，最后只留下一张名片就走了。

次日，小韩胸有成竹地给客户打电话，表示自己已为其精心挑选了一个房子，并邀请他于上午 10 点前来详谈。

见面后，小韩带着歉意地说："不好意思，任老板，昨天是我工作做得不到位，害您今天又跑了一趟，辛苦了。也感谢您的信任，还愿意给我第二次机会。"

客户摆摆手说："没事。"

小韩马上切入正题，说："我听说您是咱们市旅馆执行协会的会员，最近还当选为主席是吗？"

客户有些讶异，点头道："嗯，是的，想不到你也知道这事儿，我其实也没做出过什么成就，是几位朋友抬爱，这才被选为主席。"

小韩立刻用敬佩的目光看向对方，称赞道："我昨天就看您有些眼熟，但没敢确认，实在是鲜少遇到像您这样低调的老板啊！"

客户止不住地露出得意之色，但还是谦虚道："哪里哪里。"

"任老板真是太谦虚了！"紧接着，小韩又试探性地问："您这次租房应该和您这个工作有关吧？"

客户回答道："是啊，平时我就经常出席各种商业活动，有时自己也策划举办。这次是想安排个座谈会，邀请业界同仁过来聚聚，相互交流一下经营心得什么的。"

小韩听到这里，自信满满地道："任老板，我想今天的这个房源应该符合您的要求。它正好在市中心 ×× 路，那里是著名的 CBD 繁华地段，环境静谧优雅，很适合开展会议，而且周边配套设置齐全，紧邻多个地铁站，交通也很方便。我带您过去实地看一下好吗？"

客户欣然答应，看过之后非常满意，当天便支付了定金，把房子租了下来。

分析：

案例中，小韩使用的开场白就比较常见，先用道歉和感激开路，让客户看到自己诚恳的服务态度；然后用赞美拉近客户距离，建立初步的好感；最后用提问的方式，让客户主动分享自己的需求，从而为其精准地匹配了房源。在多种常见开场白的组合拳下，成功签单。

那么如何设计一个有吸引力的开场白呢？不妨尝试套用以下模板。

1. 寒暄式开场白

这是销售员惯用也比较不容易出错的一种开场方式。礼貌的问候、赞美、拉家常等表示对客户关心的话都属于寒暄。寒暄要真诚、热情，不要说一些私人或敏感的话题，保持对话的友好与尊重。如此能使销售气氛融洽亲热，轻松引入正题。

2. 轻松幽默开场

在所有工作中，销售是最容易碰壁和遭遇尴尬的。幽默的开场白可以使交谈的氛围变得轻松，减弱销售的目的性，让客户少些防备；在尴尬时亦可借由幽默为自己寻个台阶，以维护自己的尊严；还能抬高客户地位，或引起他的好奇心，从而更愿意听你说。如"你长得这么好看，一看就是我客户""先生，看看这款别墅吧，从客厅到卧室要走十分钟的那种。"

3. 切入第三者法

我们可以托第三方的关系接近客户。这是一种迂回战术，通常情况下，第三方都是和客户有些关系的，所以对于第三方推荐过来的销售员，大多客户都会"不看僧面看佛面"，对你客气相待。例如："打扰您了王女士，××公司的吴经理让我来找您，她说你们是特别要好的朋友。她觉得这款产品用得很好，认为您可能也会对它感兴趣，所以推荐我过来。"

在利用切入第三者法时，不仅要确有其人其事，以防被揭穿，还要尽可能地找那些影响力强的人物，这样才更具说服力。

4. 感激开场白

第一次会面，你可以这样开头："× 先生，很荣幸您能够接见我。我知道您很忙，我也非常感谢您在百忙之中能够给我几分钟。我会很简要地说明。"

当你凡事都向人致谢的时候，你就会引起他们的自我肯定心态，并让他们对你心生好感。不管准客户为你做了些什么，你都要说声"谢谢"，这样会让准客户更喜欢你、更尊重你。

5. 激起兴趣开场白

心理学研究表明，环境氛围会对人的心理产生一定的影响。在谈话中，一个话题若是温馨，那么由此营造出的氛围会持久地感染对方，也会使销售变得更轻松。所以，在销售前可以先和对方聊点有意思的闲话，比如，"都说活泼好动的孩子大脑发育更快，也更聪明，您家孩子无论是反应能力还是说话逻辑都表现不俗，您在养育孩子方面没少下功夫吧？"

6. 信息开场白

有些客户性格爽利果断，更喜欢单刀直入地了解产品重点，此时，销售员就可以采用信息开场白，将市场行情、产品各项信息、售后情况等提供给客户。所以，销售员要在这些方面做好功课，好随时能以专业的姿态应对客户。

销售员为客户提供了信息，关心了客户的利益，相应地也会获得客户的尊敬与好感。

7. 巧用小赠品开场

每个人都有希望免费尝试的心理，赠品就是利用人们的这种心理进行营销。很少人会拒绝免费的东西，用赠品作敲门砖，既新鲜，又实用。

综上所述，设计开场白的方法多种多样，开场白的技巧是一种灵活运用这些方法的艺术。然而，这并不意味着开场白就是即兴发挥。好的开场白是充分准备后的良好表现。有了充足的准备，才有好的开头。所以在见到客户前，销售员要从各个方面来掌握客户的基础资料，包括购买力、购买计划、预计购买时间、期望的产品效果等。同时，也要有针对性地模拟见面场景，站在客户的立场上调整自己的话术，让人不至于厌烦，进而产生兴趣。

总之，一个引人入胜的开场白，将助你叩开推销之门，走向成功。

第四节 巧用话茬，化解被冷落的拜访

销售员拜访客户，往往是一个主动上门与人沟通，甚至是有求于人的过程。正因为这种主动性和求人性质，销售员在拜访时常常需要面临这样的挑战：如何打破客户的冷漠和疏离，建立起有效的沟通桥梁。如果销售员不能巧妙化解这种被冷落的局面，就很难成功完成拜访，更无法成为优秀的销售员。

销售情景：

销售员张琴就曾遇到过这样的挑战。她来到一位客户的办公室外等候，由于没有提前预约，她只能向秘书询问。但对方一听说她是销售员就三缄其口，不愿透露老板的工作行程，甚至故意避免与她交谈，希望她能够知难而退。

这时，张琴突然注意到在秘书的桌上放着一本厚厚的瑜伽书。于是，她问秘书小姐说："这本瑜伽书您看了没有？"

秘书抬头看了她一眼回答说："正在看！"

张琴又问："没想到您也喜欢瑜伽。您觉得这本书写得怎么样呀？"

"锻炼一下自己！好像蛮有效果的。你也在练吗？"

"我也读了这本书，完全不是因为锻炼，而只是为了了解这个瑜伽流派。"张琴说。

"你觉得哪个流派更好？"秘书问道。

就这样，张琴和秘书谈起了瑜伽。

在交谈中，张琴逐渐与秘书建立了共鸣和信任。秘书的态度也逐渐发生了变化，她主动向张琴透露了老板的行程安排。最终，张琴成功获得了与客户面谈的机会。

分析：

销售员张琴面对未预约拜访中的冷遇，巧妙利用秘书桌上的瑜伽书籍作为话题，主动发起对话。她通过询问书籍内容，分享自己对瑜伽的兴趣，成功引导秘书参与讨论，迅速拉近了双方距离。这种基于共同兴趣的交流，不仅化解了被冷落的尴尬，还营造了轻松愉快的氛围。

最终，张琴从与秘书的对话中获取了关键信息，争取到了与老板见面的机会。

拜访时，如果客户冷落你，你不能不理客户而一走了之，客户之所以冷落你，是因为不想听你介绍产品。这时，你不妨和客户谈些别的话题，从他感兴趣的话题逐渐引入到自己的销售上来。从某个角度看，你所选择话题的质量高低直接影响到拜访客户的成败。所以，如果在销售过程中遇到被客户冷落的情况，一定要会找话茬子。

有人说："交谈中要学会没话找话的本领。"这句话对于销售员来说尤为重要。找话茬并不是无的放矢地闲聊，而是要通过观察和思考，找到与客户共同感兴趣的话题。一个好的话题应该具备以下特点：双方都比较熟悉、能谈；双方都感兴趣、想谈；有展开探讨的余地、好谈。

那么，怎样去挖掘一个好话题呢？具体的做法有以下几种。

1. 即兴引入法

在与客户交谈时，要善于观察周围的环境和细节，从中找到话题的切入点。比如，你可以观察客户办公室的布置、墙上的挂画、桌上的书籍等，然后以此为话题展开交谈。这些细节往往能够反映出客户的兴趣和爱好，从而为你提供与客户建立共鸣的机会。

即兴引入法的优点是灵活自然，就地取材，但关键是要思维敏捷，能迅速做出由此及彼的联想。

2. 试探询问

在与客户初次交谈时，由于彼此不熟悉，你可以先通过一些试探性的问题来了解对方的兴趣和爱好。比如，你可以询问客户平时喜欢做什么、有没有什么特别的爱好等。这些问题既不会让客户感到尴尬，又能够为你提供足够的信息来寻找共同话题。

3. 循趣入题

试探出陌生人的兴趣，由兴趣起始，能顺利引发话题。如对方喜欢看电影，便以此为话题，谈电影的品质，讨论故事的情节等。如果你也喜欢看电影，那你们就找到了共同的兴趣，可顺利进入话题；如果平常不怎么看电影那也正好是个学习的机会，可以静心倾听，适时提问，借此大开眼界。

除了以上几种方法外，还有许多其他方法可以引发话题，如借事生题法、即景出题法、由情入题法等。这些方法的核心在于巧妙地从客户身边的事物、当前的情境或者客户的情感出发，找到与客户共同感兴趣的话题，从而打破僵局，使对方有话可说，激发对方谈话的兴趣。

第五节　既要积极、热情，也要适时冷静

如果你想让别人积极地和你交谈，你就必须先展现出自己的热情，这样才不会让对方觉得自己受到了忽视，从而拒绝交流。所以，一个积极且热情的沟通态度必不可少，它可以让客户不自觉地袒露心声。但凡事都有个度，当热情得过头，客户感受到的就不是友善，而是一种逼迫，他会把你的"热情"理解为一种迫切想要达成交易的欲望，这就不可避免地会给客户带来一些心理上的负担。

这里涉及"社交阈值"的概念，简单来说就是社交必须有一个限度。

比如，有的人经常会在节假日问候朋友，关心一下对方的生活，这样有助于双方感情的维系。可是如果这个人每天都要多次联系朋友、问候朋友，那么朋友的私生活就会受到严重的侵犯和干扰。这个时候朋友可能会迫切地想要保持安静，从而对他产生反感。

在销售活动中也是如此，对方会因为你的"太热情"而感到不满，这时你提出的任何要求，都可能因为对方情绪上的扰乱而告吹。

销售情景：

某公司饰品采购负责人准备进购一批潮流款的项链、手链、戒指、发卡等。他来到饰品批发商城，随意走进一家店面打算先了解了解。

他刚踏进店面，就有一位推销员立马迎了上去，热情地打招呼："欢迎光临！请问先生是来看饰品的吗？我们这里有各种款式供您选择，您看您需要哪些？"

采购员轻轻点头，然后就将注意力放在了饰品架上。

推销员见状，亦步亦趋地跟在身后，只要看对方在某个饰品前多停留了几秒就立刻热情地介绍："您真是好眼光，这款项链是我们最新的设计，采用了高品质的材料，工艺也非常精湛，非常适合高端市场。""这条手链也不错，是最近很畅销的款式，它的设计灵感来源于自然，每一颗珠子都是精心挑选的……"

尽管采购员几次三番地表示想自己随意看看，如果有需要会找你，却都被这位"热情的"销售员打断。这让采购员不免有些烦躁，好像被人监视一样，再没心情看下去，只得匆匆离开。

分析：

案例中的推销员的行为就属于过度销售和过度服务。这种过度的热情成为了干扰，让采购员无法专注地挑选产品，从而心生厌烦，也自然而然地不想再更深入地了解产品。

当然，在这种情况下，有时顾客光凭自己看，会对商品不甚了解。这时候，如果有促销人员，就可以为顾客进行解答。这样的促销人员，当然会受到顾客的欢迎。但是，如果促销员都像场景导入中的一样，顾客没有问题也跟在顾客旁边，并且向顾客推销顾客并不感兴趣的商品，这样只会惹得顾客反感。如果没有促销员，顾客有可能去看商品，结果促销员一说，顾客成了"恨屋及乌"，连商品也讨厌上了。

就像现在很多消费者，他们都不愿意去菜市场和批发市场，而是选择到超市购物，就是因为他们可以随心所欲地挑选自己想要的东西，而不会受到他人的干扰。所以销售员要铭记这一点，不要总是跟在客户旁边不断地向对方推荐产品，否则你的存在非但没有实现自己的价值，反而还影响了商品的销售。

因此，要达到有效的交谈，就必须既要表现出自己的热情与慷慨，又要尽量避免让人感觉到压力，减少言语与行动上带有控制意味的表现。那么如何做才更恰如其分呢？

1. 热情要放对地方

热情的精神状态总是能感染人的，尤其是销售行业，这种由热情带来的蓬勃向上的强劲生命力会在无形中带动客户的情绪。但热情需要放对地方，亲昵地喊对方"帅哥""美女""老板"，或者殷勤地端茶递水、坚持不懈地推销产品，都不是真正的热情，是虚伪和死缠烂打，换作你是客户都会觉得反感。

销售员的热情应当精准投放，既要体现在对客户的真诚关怀上，也要巧妙地融入销售过程中，简单来说就是真诚友善、对自己的产品保持自信、提供客户所需。如孕妇在选购家电时，可以这么说："您好，我们这里刚上了一款无辐射的 ×× 家电。"

2. 适时出声

明智的销售员懂得把握分寸，懂得将决定权赋予顾客，给客户留下足够的选择空间，不过度侵扰。他们总会在对方需要帮助、咨询或感兴趣的情况下适时出声，并时刻观察客户的情绪状态，采取简洁明了幽默愉快的方式交谈。这样做不仅能够有效节省客户的时间，还能让客户感到更加自在与舒适。

3. 及时收声

销售员在说开场白时，如果遇到以下情形，就需要及时收声：当客户面露不悦或不耐烦的时候；当客户打断你说话，表示不同意的时候；当客户出现困惑时。

一旦察觉到对方的情绪不对，就要立即让自己冷静下来，适当保持沉默，然后换个话题，或将"话筒"交给客户，听听对方怎么说。

第四章
巧提妙问，让顾客主动说出真实需求

大部分销售员都明白，销售的秘诀就是要发现客户最迫切的需求。但实际情况是，多数客户对销售员都有偏见，很多时候他们都不会把自己真正的心思表露在你面前。所以，你该如何发现客户隐藏的需求呢？要做到这一点很容易：多提问。提问能让你扭转被动的局面，胜算越来越大。你问得越多，客户就答得越多，露出的破绽也就越多，你也就越接近"真相"了。但是，你也要明白，和客户的沟通是双向的，你需要掌握一定的技巧和方法，才能步步深入，了解客户的真实想法！

第一节　正确提问，让真实需求浮出水面

有需求才会购买，而提问就是在逐步破译客户需求。

提问是销售活动中的一个关键技能，销售员通过问题，不仅可以了解客户内心的"秘密"，确认客户的需求，还能成功地将话题引到产品上。但并非所有的提问都能达到预期的效果，销售员需要带着目的询问，并且要根据客户的反馈和对话的进展，灵活地调整提问的方向和深度，才能引导客户逐步展开自己的需求和期望。

销售情景：

小刘是智能物流管理公司的销售代表。某天，他来到一家物流公司洽谈合作。

抵达客户公司后，小刘礼貌地完成了自我介绍，并环顾四周，赞叹道："我看贵公司的规模很大啊，在人力和物力方面应该投入不少吧，

运转得怎么样？"

客户有些无奈地摇了摇头："规模确实很大，但实际上，我们的物流环节还有不少挑战。随着业务规模的扩大，从物品入库、仓储管理到分拣出库、配送和信息管理，流程变得越来越复杂。我们之前尝试过一些物流解决方案，但效果并不理想，所以一直在寻找更合适的合作伙伴。"

小刘听后点了点头表示理解："我完全能理解您的需求。许多物流公司在发展过程中都会遇到类似的瓶颈。那么，在物流方面，您目前遇到的最大难题是什么呢？"

客户说："我最头疼的就是库存管理和运输效率。一方面，库存管理不善导致原材料和成品积压，增加了仓储成本；另一方面，运输环节缺乏有效调度，导致运输时间延长，客户满意度下降。"

小刘一听，立刻明白了客户的需求所在："确实，这些问题都会对企业的运营效率和成本控制造成不小的影响。我想我们的智能物流管理系统可以很好地帮助您解决这些问题。该系统涵盖了库存管理优化、智能信息管理、运输路径规划、智能调度等多个方面，特别是在库存管理和运输效率提升上，有着丰富的经验和成功案例。"

经过一番深入的交流，客户对小刘提出的智能物流管理系统表示高度认可，并当场与小刘签订了合作协议。

分析：

在这个案例中，我们可以看到，小刘的两个问题针对性都很强。第一问巧妙地引导客户思考其物流管理的现状；第二问则直接抓住了客户的需求，找到了决定客户成交的关键理由，为后续提供针对性的解决方案奠定了坚实的基础。

汤姆·霍普金斯一直认为，有效提问在整个销售过程中起到了至关重要的作用，但是也要注意方式方法。最基础的提问方式有三种：开放式提问、封闭式提问和想象式提问。

1. 开放式提问

这种问题对应的答案范围是比较大的，也就是不拘泥于某一固定答案。这样能让客户根据自身喜好，围绕着这个问题畅所欲言，也能让销售员更容易地抓住顾客的内在需求。

虽然客户可能会从不同的角度来回答这一问题，但是答案的核心还是离不开产品，所以要找应对之策不如听听客户的答案。比如："通过我刚才的介绍，您觉得怎么样呢？"客户可能会回答："我觉得其他都挺好，就是产品的××功能真的像你们说的那样吗？"这时我们就可以知道客户对产品的××功能有所怀疑，需要进一步证明。

采用开放式向客户提问时，有这样几个原则。

（1）问题简洁明了，客户能够完全听明白。

（2）问题与客户需求紧密相关，通过回答我们可以获得更多客户需求信息。

（3）问题新颖，能够激发客户的兴趣。

（4）问题有利于营造销售氛围。

2. 封闭式提问

封闭式提问与开放式提问截然相反，它将回答框定在一定的范围内，甚至有时只需要简短的一句话或者一个字（也就是"二选一"提问法和确认性提问法，后面会具体阐述）。如果销售员想要得到十分精确、详尽的资料，且需对讨论议题在时间和方向上实施把控时，封闭式提问便是首选方法。这种问题可以让销售员迅速梳理问题并核实事实。比如："你最喜欢这个产品的哪一点？"

3. 想象式提问

这是一种激发客户思考与想象力，引导客户深刻感受销售员所预测的结果的提问技巧。按其表现形态可划分为开放性想象和封闭性想象两种。例如，"如果安装了我们的智能家居系统，您觉得您的生活会发生哪些改变？""您可以想象一下，如果选用这样的包装材料，您公司的生产成本大概会下降多少？"

当然，想要把握客户需求，仅凭这三种提问方法是不够的，而且即便提问技巧再多未必就能应对客户提出的各种问题。在真实的场景下，销售员可能会遇到各种状况，面临各种语言陷阱，这就要求销售员随时注意区分，采取不同的方式去应对。

第二节　设置悬念问题，吸引客户的注意力

如果销售员直截了当地询问客户有没有需求，他自己可能都不清楚，但你可以通过新颖的问题引起顾客的好奇心。

好奇心是所有人类行为动机中最有力的一种。对我们来说，"为什么会这样？""到底是怎么回事？"之类的问题得不到解决，我们就会感到不安。解决了这些问题，则会使我们获得一种安定的情绪。

推销员利用这一心理特点给客户制造一个悬念，吊起他的胃口，激发其好奇心，进而有效地引导销售对话。这种方法就是制造悬念法。

销售情景：

一次贸易洽谈会上，卖方对一个正在观看公司产品说明的买方说："你想买什么？"买方说："这儿没什么可以买的。"卖方说："是呀，别人也说过这话。"当买方正为此得意时，卖方微笑着说："可是，他们后来都改变了看法。""噢，为什么？"买方问。于是，卖方开始了正式推销，该公司的产品得以卖出。

分析：

该事例中，卖方在买方不想买的时候，没有直接向其叙说该产品的情况，而是设置了一个疑问——"别人也说过没有什么可买的，但后来都改变了看法"——从而引发了买方的好奇心。于是，卖方有了一个良好的机会，向其推销该产品。

对于销售来说，我们大可利用客户的好奇心，通过设置"悬念"问题，引起客户的注意，吊起客户的胃口，来打开销路、销售产品。

那么，什么样的问题才能够起到这样的效果、达到这样的目的呢？销售高手给我们的建议是。

1. 利用客户的求廉心理提问

追求"高性价比""便宜实惠"的产品是客户基本的消费心态，都想"用更少的钱办更多的事"，与"小气""抠门"等人格特质无关，与客户的经济收入也无关，许多拥有更高收入的人也会选择节俭消费，货比三家。因此，销售员可以抓住客户的这种心态，在诸如怎样节省开支或赚钱之类的问题上打动顾客。

比如，信用卡推销员可以这样说："您信不信，您每周都能喝到一次免费的咖啡或者奶茶？"免费的东西显然没人能够抗拒，接下来你只需告诉他办理哪种信用卡有这样的福利，客户自然会买单了。

2. 利用客户的从众心理提问

"从众"是人类在日常生活中较为常见的一种社会心理与行为。这种提问方式就是利用大众选择来影响客户。

比如，"坦白地讲，赵小姐，我已经为你的许多同行解决了一个非常重要的问题。你知道是什么吗？"这句话便足以让赵小姐感到好奇。

这里，销售员就是利用了客户的从众心理，也就是说，当所有人都有相同的意向时，客户就会不可避免地参与其中，往往还会希望获得更多的资讯。所以，赵小姐在听说"大部分同行面临的重大问题都得到了解决"后，一定会好奇到底是什么问题，而你又是怎么处理的。这就达到了激起客户好奇心的最佳效果。

3. 利用客户的喜新心理提问

对于新东西，人们都想一睹为快。销售员提供新奇的东西可以激发客户的好奇心。更重要的是，人们不想被排除在外，所以销售员可以利用这一点来激发客户的好奇心。

比如，可以这样问："先生，我们将要推出两款新产品以帮助人们从事电子商务。问题是，让你提前感知到这个信息发布对你的业务可能产生的冲击是不是很有必要？"

假如你的新产品推出确实与客户的生意有关，事先向顾客透漏消息是很重要的。你还可以结合饥饿营销法，告知客户参与体验/购买产品的人数有限，这样能让你的新产品更显得独一无二。

要记住，千万不能将"悬念"问题设置得太过火，一旦脱离实际，客户就会认为你是在耍小聪明，同时，还要确保问题的答案对客户有利，能真实地为对方带来利益或效果，否则，当对方察觉到只有你单方面受益时，就会有一种被你坑骗的感觉。

第三节　"二选一"，没需求也能变需求

当客户遇到问题时，选项过多会不知道该如何选择。特别是对于一些犹豫不决的客户，很多时候他们并非对产品有什么顾虑，也并非不想买，而是不知从何下手。这个时候，使用"二选一"的方式让客户自己作决定，就可以保证你的销售计划顺利进行。

一、什么是"二选一"

"二选一"的秘诀最初是由销售训练师艾米尔·惠勒最先提出的，因此也被称为惠勒秘诀。所谓"二选一"，指的是在提问的时候为客户设置两个选项，他只需在其中选择一个即可。其原理在于：在销售时，要让客户有权利进行选择，同时也要把选择的余地限制得更小，这样才能将客户在购物时产生的迟疑心理降到最低。

销售情景：

××县城在一年内相继开了两家连锁快餐店，虽说生意都不错，但新开的那家快餐店明显要比第一家更红火。就连连锁店负责人都很

困惑，两家的销售额为什么能差这么多。

后来经过调查对比得知，在两家快餐店客流量相近的情况下，新快餐店往往能卖出更多，多出的部分主要是饮料销售。

原来，在饮料销售比较差的快餐厅，服务人员总是这样问顾客："先生／女士，您想要喝点什么？"

顾客大多对快餐店的主食、小吃和套餐如数家珍，但并不清楚除可乐、雪碧外还有哪些饮料，所以很多时候服务员这样问时，顾客通常都会拒绝。最终导致饮料的销售额不太理想。

但另一家快餐店则不然，这里的服务员在询问顾客时往往是这样的："先生／女士，我们这里有咖啡、橙汁等多种饮料，请问您需要哪一种呢？"此时，客人就会下意识地选择其中一种。而这类饮料的价位通常要高过顾客熟知的大众饮料，因此，这家店的饮料销售额自然十分理想。

分析：

在这个案例中，新快餐店服务员采用的就是"二选一"式的提问法。看似通过提问让客户作选择，但其实早将答案之一藏在了问题中，不管客户选择哪种答案，其结果都是成交。并且这样的提问还能让客人对餐厅的饮料种类有更清晰的了解，激发他们尝试新口味、高价位饮料的兴趣。

从心理学角度来说，"二选一"的提问方法很符合"沉锚效应"，意思是当人们在作决策时，往往思维会被听到的第一信息所左右，换句话说，就是人们得到的"第一信息"会像沉入海底的锚一样，将其思维牢牢地固定在某处。

二、"二选一"策略三步走

作为一线销售人员，要学会借助合适的方法来推进销售工作的进展。让客户能够真正有效地体现所有的选择，将客户的不满降到最低，销售员需要借用的最恰当策略便是"二选一"。

在对客户进行引导的过程中，设置一些兼具选择性和限制性的问题让客户二择其一，能够很好地激发客户的需求。尤其对于销售小白来说，运用好"二选一"法则可以让你掌握主导权，帮你快速推进销售进程，让客户专注于眼前的选择，降低不满率。

想要熟练地运用"二选一"提问，就要从这三方面入手：了解客户需求，关联产品性能；评估客户选择因素，让客户自我设限；告知产品优势，促成客户下结论。

具体而言，就是要先关注客户的需求和喜好，在掌握这一前提的基础上为他们推荐能够满足条件的一些产品；然后从品牌、外观、材质/产品性能、价格、能耗、售后等方面由大至小，由浅入深进行引导，让他们根据自己的情况做排除法，逐步缩小选择范围；最后，想让客户释放交易的信号，一方面要向客户阐明产品优势，增强说服力；另一方面还要在问题中加入促成客户下结论的信息，让客户坚定想要购买的心，给出明确答复。

三、使用"二选一"提问的注意事项

在使用"二选一"提问法时，还应注意下列几点。

1. 以咨询的方式提出，效果最佳

当一个顾客对多个产品，或产品的多个类型都有一定意向，却无法全部购买的时候，就会需要销售员的介入。

而你需要做的就是：在通过沟通了解对方的需求后，以客观中立的第三者角度，用自己的专业知识为客户抉择不定的产品分别进行讲解，这样一来，既可以帮助顾客做出决定，又可以起到"催单"的作用。如，"先生，我看您有些纠结，您是给自己买，还是给老人和小孩用？如果是您用，那么厚的那款体感较软，能缓解您工作一天的压力；如果是给老人和小孩的话，薄的这款比较有支撑力，可以保护他们的脊椎。"

2. 把希望客户选择的项目放到后一位

销售人员在设置"二选一"的顺序时要花一些心思，也就是把希望客户选择的项目放到最后。这是因为，人类往往具有跟随最后选择的习性，这样，就会让客户自主地选择符合销售人员心意的那一项。

3. 选项越少，干扰越小

建议选项不超过两种，否则客户会感到眼花缭乱，无法做出决定，虽然还不到彻底失去购买欲望的地步，但也会对交易产生很大影响，使其受阻甚至交易失败。

4. 强调选择，规避"买"字

当你采用"二选一"的提问方式时，"买"这个词是比较忌讳出现的，这样客户才感觉到自己是自愿、主动选择的，而不是你用手段强迫他买的。

总而言之，作为一名销售员，你必须明白，销售商品并不重要，重要的是帮助顾客做出决定。要擅长问顾客带有选择和最佳答案的问题，剩下的事情就交给顾客自己决定了。

第四节　提问能让客户回答"是"的问题

营销的核心并不在于单纯的产品销售，而是在于构建并维系客户群体。在商业活动中，无论规模如何，本质上交易的都是智慧与策略。重要的是要认识到，与客户交流的核心目的，是引导并说服他们，进而实现自己的商业目标。身为营销人员，与客户之间的每一次谈判，其终极追求都是促成交易。因此，在沟通过程中，销售员应占据主导地位，不仅要掌控自己的表现，还要全局把握谈判的进程，同时紧紧牵引客户的思维，引导他们向有利于自己目标的方向前进。而要实现这一点，语言无疑是把握客户思维的关键工具。

在与潜在客户交流时，销售员应以积极、热情的态度去感染他们，运用肯定的言辞来阐述产品的功能与优势，以此激发客户说出"是"。一旦客户进入了这个由"是"所构建的心理情境，他们便会在有意识或无意识的状态下，更倾向于表示赞同，这无疑会大大提高他们进一步接受你提议的可能性。

销售情景：

五年时间里，安德森和他的同事都在试图说服一位富翁客户，也因为此，他的同事们戏称这位富翁为"巨石"，以示难以撼动。但只要对方愿意购买，就相当于敲开了市场大门，后续的订单就会纷至沓来。

这也是为什么在明知客户如此难缠的情况下，公司还愿意大费周章的原因所在。

好在，最终的结果是好的。富翁终于从安德森所在公司买下了几台发动机。为表重视，在对方购买使用几天后，公司还特意派安德森进行回访，了解客户使用情况。

然而，再次见到时，迎接安德森的只有富翁的愤怒。他控诉道："我再也不会购买你们的发动机！它居然把我的手烫伤了！"

安德森立刻意识到对方犯了一个常识上的错误，但他明白，如果直截了当地指出来，无异于火上浇油，让客户更加恼羞成怒，把好不容易开拓的客户弄丢。所以，他决定用另外一种方法劝说富豪。

他说："先生，我十分同意您的观点。假如我们公司发动机温度太高，您确实不应该再购买了。毕竟谁希望花了钱还买到一台超出热量标准的发动机呢，是吧？"

"是的。"富翁说。

安德森接着说："你知道，电工行会的规定是，一台标准的发动机的温度不能比室内温度高 72 华氏度，对吗？"

"是的。但你的发动机显然要比这一温度高。"富翁说。

"那当时您工厂里的室内温度是多少？"安德森继续问道。

"75 华氏度。"富翁想了想回答说。

"这就对了，"安德森笑着说，"两者温度加起来就有 147 华氏度了。您想想，如果将手放在这个温度的水里，您会不会被烫伤呢？"

"会的。"富翁心悦诚服地说。

"那么，我建议你最好不要把手放在 147 华氏度的发动机上面。"

安德森笑呵呵地说。

"我想你是对的，"富翁说，"或许我错了。"

接着他们又谈了一会儿有关发动机的事情。富翁又从他手里订购了一批发动机，成为该电气公司的忠实客户。

分析：

从上述情况来看，安德森显然很睿智，他没有在富翁发怒的时候和其争论，而是选择了两个人都能接受的方式，既维护了客户尊严，又讲清楚了其中的缘由。

这个案例告诉我们，销售员在遇到客户的质疑时，一定要情绪稳定、思路清晰，然后着重指出彼此所追求的目标是一致的，尽量让客户明白，就算有不同意见，那也只是在方法上有分歧，而非共同的目标。销售员可以先提出一个性质温和又能让客户回答"是"的问题，进而逐渐地把客户带到你所销售的产品话题上来。

为此，销售员必须充分地做好以下工作。

1. 避开分歧不谈

在和客户交谈的时候，要避免开口就讨论两个人都有异议的话题，否则会使对话变得难以进行。明智的方法是：把彼此都认同的部分突显出来并加以强调，多提问一些能得到肯定回答的问题，以促成交易的成功。

2. 杜绝主观性议题

之所以要避免谈论主观性议题，主要原因有两点。

一方面，人都是不愿意被说服的。所以，一味强调自己想法的主观性议题，只会增加销售的困难程度，而换成客观的话题，客户对客观存在的事实是无法反驳的，只能认同。

另一方面，业务员在和客户交流时，都不可避免地有无法掌控客户话题的时候，如果谈论主观性议题，就会出现这两种情况——要么就是跟着客户的主观想法走，要么就是在讨论过程中与客户意见相左，产生分歧。无论哪一种情况对销售来说都是不利的。

而遇到这样的事，千万别和客户"上纲上线"，应该先跟着客户的意见，讨论几句，引起他们的"共鸣"，然后再把话题慢慢关联到产品上。

3. 顺着客户的想法提问

相较于试图扭转消费者既定的观念，更为明智的做法是在他们既有的认知框架内，巧妙地加以引导。这就需要销售员必须掌握客户的一些信息，并在谈话开始时，先询问客户关于商品或服务的某种想法，再由此引发更多的问题，在认同对方观点的基础上，把客户引导到自己的想法上来。

4. 问常识性、普遍性问题

最后，要让客户说"是"，就必须遵守简单、易于理解的原则，提问一些具有常识性和普遍性的问题。比如："我看您精神状态不是特别好，晚上经常失眠，是不是？""孩子的校服是不是很难清洗，用了很多方法都洗不干净，是不是？"对方一般都会回答"是"。这既能让对话变得轻松愉快，又能无形中给对方留下专业的印象，将对方的病症"全说对了"，那么说服对方的可能性就会大大提升，接下来的销售也就顺理成章了。

让客户说"是"意味着双方的交流是"启发式"或"询问式"的，

这种方式的交流比普通的交流更有效。

但需要注意在使用该提问方式时，不要使用得过于频繁，否则客户会认为你的目的性太强，引起客户的厌烦和不满。

第五节　让顾客保持积极的情绪，消除对销售的戒心

使用提问技巧能帮销售员解决工作中的一些困难，让你更深入地了解到客户的内心。但想要使用好这一技能也不是件容易的事，因为只有当销售员提出的问题能够产生积极影响时，客户才倾向于积极响应。这就需要你多提积极的问题。一般来讲，当人处于一种积极的氛围时，就会慢慢地对陌生的销售员放松警惕，并且愿意回答他们的问题。

销售情景：

销售员注意到一位年轻女士连续几天都在傍晚 6 点左右出现在商场，总是穿着职业装，手里提着办公包。这天，销售员选择在她查看商场导览图时上前搭话："您好，看您经常在这个时间段来商场，是在附近工作吗？"

顾客略显惊讶，但礼貌地回答："是的，就在隔壁写字楼的 15 层。"

销售员微笑着说："难怪看着您有点面熟。我注意到很多在附近工作的白领都喜欢下班后来商场放松，您平时工作压力应该不小吧？"

顾客放松了些："确实，最近项目赶进度，经常加班。"

销售员适时接话："我理解，IT 行业确实节奏快。我注意到很多科技公司的朋友都喜欢通过运动来减压，您平时有什么喜欢的运动方式吗？"

顾客思考后说："偶尔会去公园跑步，但总觉得坚持不下来。工作一忙就中断了，而且一个人运动也没什么动力。"

销售员表示理解："其实很多人都有这样的困扰。我们健身房就在商场五楼，下班过来特别方便。而且我们有专门针对 IT 从业者的'减压训练营'，都是附近写字楼的白领，既能互相督促，又能拓展社交圈。我们的教练还特别设计了针对久坐人群的拉伸课程，可以帮助缓解颈椎和腰椎疲劳。"

看到顾客表现出兴趣，销售员继续说："今天正好是我们的'下班一小时'体验活动，要不要上去看看环境？不一定要马上办卡，就当是下班后放松一下。我们还有免费的体测服务，可以帮您了解身体状况，制定科学的运动计划。"

该名顾客在体验过后觉得很不错，马上办理了会员年卡。

分析：

这位销售员的成功在于其能够通过细致的观察和积极的提问，迅速建立信任并捕捉顾客的痛点。同时，通过提供针对性的解决方案和低风险的体验机会，自然地引导顾客进入销售场景，避免了传统推销的压迫感。这种以顾客需求为中心、注重情感共鸣的销售提问方式，不仅提升了顾客的接受度，也为后续的成交奠定了坚实的基础。

一般来说，积极提问包括以下几种方式。

1. 以轻松的问题发问

从一个比较放松的话题开始，而不是谈论有关推销的事，这样才能消除客户的警惕和担心，让他们愿意和你沟通。这样的提问方式能让销售员掌握在交谈中的主动权，其目的除了拉近客户的距离，还有试探的作用。轻松的发问会让客户逐渐掉入更深的话题中而不自觉，并且亦步亦趋地跟着你的问题，暴露自己的需求。

要注意，在探知到客户的需求后，就要立即采取行动，把泛化的问题转化成更加清晰的问题。

2. 重复性提问

重复性提问，是以问话的形式重复客户的语言或观点的提问方式，又叫反射性提问。

这类提问的好处体现在多个层面：首先，它具有验证功能，能够检验你是否精准把握了客户的观点，一旦有误，客户会即时指正；其次，它能帮客户梳理自己的观点，激励客户以更有条理的方式继续阐述；再者，通过重复提问，你能灵活地对客户的言论做出恰当的反应，避免直接的生硬回应或否定；最后，它能平息客户的不良情绪，比如生气、抱怨等。

除以上两种提问方法外，前文所提到的"二选一"提问法和说"是"提问法都属于这一类。

在与客户交谈时，对于积极提问也有一些规则。

1. 问题必须切中实质

客户都希望被理解，对他们来说，"你明白他的需要"远甚于"他了解你的产品"。当然，即使客户没有这种心态，但你也要先明白客户的需要，从而提供量身定制的服务，促成交易。

我们最好在与客户见面前，按照实际状况将最终销售目标一步步地进行分解，再针对细化后的目标提出具体问题。这样的问题就是切实有效的，它既能避免因为漫无目的谈论而浪费时间，还能逐步实现各个层次的目标。

2. 避免让提问走向消极

销售员在提问时，需要注意避开这几个错误。

一是自作主张回答自己提出的问题，这样会让客户觉得你没有耐心或想卖弄自己，还会给客户一种强烈的压迫感。

二是问题一定不要涉及个人隐私或敏感的话题，这会让客户反感，打消和你继续交流的欲望。

三是注意提问时机、方式，掌握好措辞和自己的态度，不要让提问变成"审问"，更不要在公共场合问一些让人讨厌的问题。

第五章
掌握产品优势，激发客户购买欲

如果说，销售 95% 靠的是热情，那剩下的 5% 靠的就是产品知识。作为一名销售员，产品和销售是你工作的核心，向客户介绍你的产品是职责所在。推销员怎样做好商品推介，是决定客户购买与否的关键。所以，要想让产品打动客户的心，就必须把它的销售卖点和客户的需要相结合。为此，销售员必须对产品的各项内容全面了解，学会如何进行产品卖点的介绍，如此，才能做到在客户提出有关产品的任何问题时，都能详尽地讲解和回答。

第一节　像专家一样介绍产品

客户往往持有一种天然的谨慎态度，一般不会轻易相信他人。但如果销售员能毫不迟疑并准确地说出产品的特点，并熟练地展示产品，那么客户会认为你是权威的、专业的，对你的信任感也会大大增加。事实上，真正的顶尖销售员最引以为傲的，并非傲人的销售业绩，而是他们拥有旁人所不及的有关产品的专业知识。

一、"权威效应"理论

在销售活动中，许多销售员都会运用"权威效应"对客户施加心理影响，让对方对自己的说法产生更多的信任感，从而达到说服对方购买的目的。

"权威效应"是指人们出于安全心理，往往对身份越高、越有威望的人越产生信任，自然也更相信他们说的话。

究其缘由，有两点：第一，在很多时候，大家都会把权威的人当成榜样，按照他们的想法行事，会给人一种很踏实的感觉。就算犯了什么错，也会有"大人物"的形象遮掩，无形中减轻了自己的负罪感。第二，人人都希望被表扬，而听从权威人士的意见和要求去做，往往会获得更多的赞美和鼓励。

在销售活动中，客户同样喜欢专家式的销售员。毕竟客户对产品和相关行业的了解都是有限的，需要专业性较强的销售员为自己做介绍或推荐，这样客户才能放心购买。

既然客户有这样的心理诉求，那销售员不妨做一回产品专家，通过自己的介绍，让客户从中得到更多的产品信息，获得更有价值的建议。

作为一位销售员，要使自己成为客户信赖的"专家"，必须尽可能地回答出对方提出的所有问题。而客户在听到专业的解释后，就能对产品的价值有进一步的了解，他会感觉自己买的不只是一款商品，而是一种高尚的品位，一种舒心的购物体验。

销售情景：

在办公用品展销区，一名客户在两把电脑椅面前来回踱步，拿不准要买哪个。这时，销售员快步走过来。

客户问："这两把椅子多少钱？"

销售员微笑着回答："先生，您左手边的这把椅子1300元，右手边的只卖500元。"

客户有些惊讶，指向便宜的那把道："啊？明明这把电脑椅的外观更好看些，怎么会这么便宜？"

销售员说："先生，请您分别在这两把电脑椅上坐一会儿，亲身体验一下。"

客户按他说的坐在椅子上试了试，明显感觉便宜的那款更柔软，但却不如贵的那款更舒服。

销售员趁机为客户讲解道："便宜的那款虽然比较柔软、包裹性好，但坐的时间久了身体反而会觉得有些疲累，而贵的那款支撑力比较好，所以坐上去觉得更舒服些，这是因为它的座椅弹簧数量更多，所以不会因变形而影响到坐姿。很多人之所以腰疼，就是因为不良坐姿导致了脊柱侧弯。更何况，单是这把电脑椅里面的弹簧成本就要多出将近100元。另外，您应该也知道，电脑椅最核心的地方就是气压杆，只要它出现问题，椅子基本也就报废了。这个气压杆是精钢打造，直径符合国际最高要求，不会受到重量和长时间旋转的影响，所以它的使用年限就要更长，它的平均寿命是普通座椅的两倍。"

销售员顿了顿，接着说："这张座椅看上去确实没有另一款漂亮，但它非常符合人体工程学，即使坐在上面久了也不会觉得累。一把好的椅子对于一个成年累月伏案工作的人来说，是十分必要的。您觉得我说得对吗？"

客户在听了销售员的解释之后，出于身体健康角度的考虑，还是选择了1300元的电脑椅。

分析：

在上述案例中，销售员从专业的角度阐明了两种座椅的不同之处，从而使客户选择了价格更高、对身体更好的电脑椅。这位客户愿意采纳他的建议，一来是为了自身的身体状况，二来也是因为他能条理清晰地为自己讲清其中的厉害，赢得了客户的信任。

二、专业的推销技能

对于推销员来说，如何才能像专家一样给客户推销产品，又需要掌握哪些技能呢？

1. 精通产品或服务的知识

专业的销售员不会因"产品快速迭代"或"公司培训不足"而停止学习产品知识，只有持续钻研与学习产品知识，才能超越同行，拿下更多的订单。

为了有效说服客户，除了全面掌握产品知识，销售员还应提升自己的表述能力，明确说明的重点，即产品的诉求点。

那么，如何精准识别产品诉求点呢？

获取产品的途径多种多样，可以通过阅读新闻杂志、产品目录、设计图及公司培训资料等，迅速直接地掌握基本信息；或者从领导、同事、竞争者、客户身上获取信息；还可以通过总结过去销售过程中的心得体会，包括客户的意见、需求等，也能提炼出关键信息。

2. 借用专家说法

当你对某个点不是特别清楚，或想让客户更加信服时，可以借用专家之口为你的产品"代言"。专业人士象征着权威，援引专业人士的观点来进行介绍，可以极大地提高客户对商品的信任程度。

3. 以讲故事的方式灌输产品概念

没有人不喜欢听故事，讲故事给人一种代入感，让听故事的人犹如身临其境，感同身受，从而使他们认可你的产品。

4. 现场展示你的产品使用效果

没有什么比直观看到 / 体验更有冲击力了。特别是面对非常有判断力的客户，经由自己感受做出的决断，更加有说服力，销售员只需要配合解释，客户自然会接受你的产品。

第二节 用产品卖点点燃客户的购买欲

在销售活动中，你是否经常会碰到这种情形：不管你把商品说得多么好，怎样地引导客户去买，他都始终兴致缺缺，最后干脆放弃购买。因为客户没有耐心和时间去听你的冗长演讲，只会厌烦，这时销售员就要学会在介绍商品特性的时候把握住要点，即所谓的"卖点"。这个卖点必须是能引起消费者关注，且产品实际存在的。只有突出产品优势，充分抓住产品卖点才能吸引客户的兴趣，进而形成购买行为，提升推销员的销售业绩。

一、什么是产品的"卖点"

产品的卖点是指一个产品区别于其他产品在销售上具有的独特性质和优点。换句话说，卖点就是能打动客户使其肯为之掏钱的特点，是产品核心竞争力的集中表现。只有深入挖掘产品的卖点，销售才能事半功倍。

销售人员在向客户说明产品的特性时，应重点介绍产品的相对优势，以强化客户对产品的认知。

销售情景：

安藤百福从研制出全球最早的速食面开始，就一直试图打入美国的市场。不过"方便面"这样的新型食品，美国人根本就没听说过，况且他们吃惯了汉堡和可乐，又怎么能轻易接受"方便面"呢？因此，安藤百福采取了"投其所好"的策略来应对美国人。

安藤百福在对美国人的消费心理进行调查后发现，近几年美国人对饮食健康的重视程度很高，因此他在包装上设计了卡路里标识，写明每一盒方便面所含的热量，以满足他们的瘦身需求；为了方便美国人用叉子食用，又将面条剪成更短的长度；还特意取了新的名字——"杯面"，以迎合美国人使用纸杯吃东西的习惯；而且汤底浓厚，也更符合美国人的口味。这种"投其所好"的策略迅速成为了方便面的卖点，一进入美国市场，就大受美国民众的喜爱，销量更是节节攀升。

分析：

安藤百福的营销无疑是成功的。他能精准捕捉美国消费者对健康饮食、易用性及文化习惯的重视，通过设计卡路里标识、调整面条长度、命名"杯面"及优化汤底口味等卖点，直接触动了美国民众的消费欲望。这些卖点不仅体现了产品的健康、易用与文化贴近性，还大大提升了产品的口感与品质，从而激发了消费者想要购买的欲望。

二、什么是产品的"性能"

一般来讲，产品的性能特征就是指产品的具体功能，如产品的功能特点和具体构成，而产品的好处是指产品对客户的价值，也就是该产品的卖点所在。销售人员在销售时，要把产品的功能特征转化为产品的卖点，如果不能针对客户的具体需求说出产品的相关亮点，客户就不会对产品产生深刻的印象，也就更不会购买。

在给客户推荐商品的时候，一定要搞明白什么是商品的基本性能，哪些是它的卖点和好处。通常来说，产品的性能特征是指产品的具体功能，而它的好处则是它对于客户的价值，即它的卖点。在销售时，你要将商品的功能特性转换成商品的卖点，再根据客户的具体需求有选择地讲给客户听。

三、怎样将"卖点"打出去

具体可以这样做：

1. 提炼产品卖点

一个好的产品卖点能够让客户对其产生浓厚的兴趣，从而进一步关注产品整体。所以，在向客户介绍商品卖点时，必须与客户的真实需要和偏好相融合，用对方喜欢的方式进行表述，并在推销的时候将"要顾客知道"改为"顾客要知道"。

一般而言，提炼产品卖点有以下方法：

第一，从产品外观上提炼。从设计的风格、形状、款式、色调、材质、新技术等方面入手。

第二，从产品功能上提炼。找出不同于其他品牌的功能卖点。

第三，从产品技术参数上提炼。注意把技术参数与消费者的心理利益点结合起来。

出于猎奇或高效心理，客户一般都只对独特的卖点感兴趣。因此，销售员应当尽力突出商品的独一无二性，让客户的关注点始终放在这里，并最终促使他们作出购买决定。

2. 掌握有效说明产品卖点的方式

总的来说，不管销售员用什么方法把商品的卖点推荐给顾客，都一定要考虑到客户的需要——安全、便利、省钱、关心、成就感。

针对这些需求，销售人员要采用不同的说明方法。如："这款家电产品最大的优势就是可以自动断电，防止干烧可能引发的安全问题。""我们的空调之所以与众不同，就在于它使用了新风系统，将自然风引进来的同时，过滤空气中的污染物，对您和家人的身体健康更好。"

当然，在推销商品的时候，一定要以客户的真实需要为出发点。如果商品的卖点与客户的需要不符，即使它的性价比很高，客户也不会有任何的兴致。

3. 对产品的介绍要客观

为了将产品卖出去提高业绩，销售员们都会对产品进行多方宣传，但是，一切宣传都要实事求是，要对客户负责。为了让自己获得利益而对商品卖点进行夸大，甚至是夸张式宣传，就是在造假。这种过度虚构的商品优势，势必经不起考验，如果客户购买使用后，发现并不如你所宣传的那样，就会对你失去信心，讨厌你，连带你的产品，而且好不容易积攒下来的口碑也会受到严重影响。

第三节　戏剧化展示强过空洞说教

从某种意义上来说，销售就是一种劝说的过程，在大多数情况下，销售员需要让客户认可自己的某些意见、想法和行为，甚至需要客户按照自己的意愿和决策去做出决定。如果只是用"苦口婆心"的方式来说服客户，并不能起到很大的作用。在这样一个变幻莫测、戏剧性十足的年代，纯粹以事实说话，只能让听众感到无聊，无法让他们信服，所以，有时换个策略，让客户安静地欣赏你与产品互动可能更有说服效果。

一、展示的功能

展示的功能主要体现在两个层面：一是对商品进行了生动的介绍，这样可以有效地解决语言在诠释一些商品，尤其是一些具有较高科技含量的商品时无法充分说明的问题，让消费者能够通过视觉、嗅觉、味觉、听觉和触觉等感官渠道来直观地接受商品，从而达到更好的效果。二是作为一种印证，耳闻不如亲眼所见，亲眼所见往往比语言更有说服力。

众所周知，兴趣在客户的消费行为中起着很大的作用。不过，每位客户的喜好都是不一样的，这就要求销售员在这方面下足功夫去了解和思考，找到更多方式来刺激客户的兴趣，直到导向最终的成交。

在与客户的交流之初，销售员会用言语对产品的某一特性进行概括，以吸引客户的关注，产品的特性宣传形成了客户兴趣的基础。为了能让客户持续地关注产品特性，加强吸引力，销售员就必须进一步证明客户所关注的特性是真实的、值得相信和购买的。

销售情景：

小付是××瓷砖直营店的一名销售员，他业绩出众，在短短的时间内就做到了销售部主管的位置。为了进一步提高销量，领导特意让他安排一场培训会，将自己的经验分享给其他销售员。

会上，面对众人的好奇，他缓缓说道："其实我并没有什么经验，只是擅长'表演'。"

说完，他让人把瓷砖搬到一个大台阶上支起来，让瓷砖的底部悬空。

众人都很好奇他要做什么，于是一窝蜂地围在旁边拭目以待。

"每当客户问我'这瓷砖结不结实'时，我总会这样做。"他一边说一边站到瓷砖上，奋力跳起然后落下，反复几次。

众人忍不住惊呼，满脸担忧，但瓷砖并未出现破损或断裂。

他说："客户也是这样的反应，常常被震惊到说不出话，但看了以后就会很爽快地和我签单。"

他们恍然大悟，于是在接下来的一段时间内，凭借这一方法卖出了更多瓷砖。但时间久了，客户对这样的演示逐渐无感，甚至有些厌烦，销量又回到了以前。可奇怪的是，即使这样，小付的销售业绩都没有受到丝毫影响，依然排在第一。所有人都觉得纳闷，只能再次向他"取经"。

他说："作为销售员，不懂变通就会失去客户，要学会举一反三才能将产品卖得俏。客户来买瓷砖，绝不会只关注其中一个点，他可能还想了解其他方面，比如耐磨性、易清洁性等。那这时候我们应该怎么做呢？"

在众人的疑惑中，他拿出钢丝球、马克笔和抹布放在了瓷砖上。然后一声不吭地用钢丝球在瓷砖表面使劲摩擦，又用马克笔在上面胡乱涂画，随后用抹布擦了擦，说："你们看到了吗？"

众人看着依旧光洁如新的瓷砖不禁为其鼓掌。

分析：

案例中小付的说服手段就是采用了一种戏剧性的展示方式，这样能让客户在视觉和听觉上受到双重冲击，产生震惊感，让对方在自己还没有反应过来的时候，就已经被说动了。所以，如果你能用夸张展示的方式再辅以一定的讲解来说服客户，那么成功的几率就会大大增加。

因此，当你在说服一个人接受你的观点，或是阻止他的某种行为时，应该学会运用一些特殊的手段，以戏剧化的效果展示给他，让他自己意识到自己的想法和观点是错误的。所谓"不战而屈人之兵"，这才是最高明的说服方法。

二、戏剧化地展示产品

1.产品演示要切中要害

当你在为客户进行产品展示时，必须强调其最大的优势以及最符合客户兴趣的地方，如高端设计、智能技术、安全高效、品质优良等，并当场解答客户的疑问，甚至让对方亲自参与体验，远胜于干巴巴的介绍。

2.产品演示要激起客户的兴趣

要使客户对产品使用有更深入的了解，首先要让他看见产品的优点与特色，让其亲身体会产品所能带给自己的益处，激起客户对它的兴趣。举个例子，健身器材销售员在推销跑步机时，可以通过调整速度、坡度设置，以及用显示屏向客户展示心率监测、卡路里消耗等功能，让客户对跑步机有更深的认识。

3.产品演示要注意与客户的互动

销售员千万不要只在一旁操作演示，而忽略与客户的互动，这是产品展示的大忌。这样的展示就是在做无用功，客户只会觉得无聊和尴尬，而如果你能让客户适当地参与到演示中来，比如请客户帮忙递东西或从客户那里借点什么等，都能起到良好的互动效果。

请记住：产品演示是一个向客户介绍产品的好方式。抓住产品的关键点和客户最感兴趣的地方着重"用功"，客户就会喜欢上你的产品。

第四节 淡化价格，专注传递产品价值

请销售员牢记这一点——"价格绝不是销售的决定性要素"，不然你的销售只会进入僵局。因为不管你卖得多便宜，客户总能找到比你更便宜的产品。因此，在销售工作中，一定不能被困在价格的泥潭里，否则你就离失败不远了。

为了不陷入"价格战"，唯一的办法就是不要急着谈价格，而是要从谈价格转化为谈价值，把客户的注意力从价格转移到价值上来。

一、产品使用价值的构成要素

产品的价值是指产品在功能、特性、质量和款式等多方面价值的综合体。一个产品的使用价值主要由如下要素组成。

第一是品牌。这是确立客户购买决策的重要因素，在琳琅满目的一众产品中，越是大品牌，它的品牌形象和市场占有率就越有优势。

第二是性能价格比。通过产品说明书的性能参数可以确定产品的性能，性价比是客户确定投入与否的依据。

第三是服务。不仅是售后服务，而且包括整个销售过程中你给客户带来的信心和方便。

第四是产品的优点。是产品在功效上（或者其他方面）表现出的特点。如传真机有记忆装置，能自动传递到设定的多个对象。

第五是产品的特殊利益。特殊利益是指产品能满足客户本身特殊的要求，如每天和国外总部联系，利用传真机可以加快速度并有利于节约国际电话费。

产品价值是客户需求的核心要素，直接影响其对商品的选择。也就是说，产品的价值取向取决于客户，客户的需求决定了产品的价值。

二、价值的考量

通常来说，在销售活动中，对价值的考量主要表现在以下三个方面。

1. 客户决定价值的高低

对客户而言，他们只认可自己所能感受到的价值。进一步地说，也就是客户在感觉到交易是平等的情况下，你的产品价值才会被认同。除此之外，客户还会评判产品价值的高低。所以，销售员一定要从客户嘴里了解产品的价值，以便正确地了解产品价值的高低，把握介绍产品的方向。

2. 价值应该大于价格

产品的价值，是一种综合性的概念，销售员不能简单地将产品的价格定义为它的价值，尽管产品的价格往往通过价值表现出来。而在客户角度看来，他认为自己既然花了钱，就理所当然地要换取更大的价值。

3. 价值具有长期属性

一般来说，客户对产品本身的价值关注并不多，而是将注意力主要放在产品或服务能够带来什么或是做到什么上。也就是说，价值需要具备长期属性，才能满足客户的需求。

客户对产品的购买欲望越强烈，他对价格问题的考虑就越少。

因此，出于对产品价值的考量，销售员在推销初期一定不能提到或谈论价格，而是先为客户讲清楚商品的价值，让对方对价值有初步的了解后，才能和他谈价格。只有让客户亲眼见证它的价值，激发客户的购买欲，他才不会去想价钱的问题。

销售情景：

一家电器公司正在搞"店庆促销"活动，想为新款吸尘器打开市场销路。然而，即使打九折，它的售价都还要比一般的吸尘器高出一倍多。很多客户在看到 3700 元的价格标签后望而却步，转而寻找那些更便宜的。如此高的价格让销售员也犯难，根本无法展开工作。

然而这天，有一个销售员却成功地将它卖了出去。他是怎么做的呢？

他先是蒙上了价格标签，然后在看到客户对产品感兴趣的时候，贴心地为客户介绍和展示。

他边演示边告诉客户："你看，这款吸尘器吸力强，噪声还小，不会在打扫卫生的时候觉得刺耳。而且，常规吸尘器都是将灰尘、杂物吸到集尘盒里面，不光要自己把它倒出来，还会在倒的时候扬起灰尘。但这个吸尘器有三秒自集尘功能，它会将吸入的垃圾存放到集尘袋里，你只要取下袋子丢掉即可。这样可以避免灰尘在空气中漂浮，损害自己的呼吸系统。"

对于这个性能，客户觉得有些新奇，然后示意销售员继续讲解。

销售员说："您按一下这个按钮试试。"

客户配合地按下按钮，发现吸头部分亮起了绿灯。"这是绿光显尘功能。"销售员解释道，"有时候我们总觉得自己已经打扫得很干净了，但你看绿光照到的地方，还是有很多灰尘。尤其是养猫养狗的家庭，只要用了它，就能让你看清楚所有脏污，打扫得更彻底。此外，它还能帮你节省一笔费用，一张滤网只要用水就可以冲洗干净，可以反复使用……"

此时客户的兴趣越来越浓，有心想要购买，于是问道："那它的价格是多少？"

销售员反问客户："一个吸尘器有这么多的功能，还是别的吸尘器都没有的，换成是您卖，您觉得多少钱合适？"

客户不假思索地说："怎么也得五六千吧！"

"那您买它可要赚了！"销售员揭开了挡着的价格标签，笑着回答："您今天只要花您所说的一半的钱就可以带走它了。"

就这样，对方买下了这款昂贵的吸尘器。

分析：

情人眼里出西施，价值同样如此。销售员向顾客展示产品的功效其实就是在说明它的价值，以此吸引客户。对方了解了产品的多个价值后，为它匹配了自己的心理价位，此时销售员再揭示产品价格，客户就会觉得产品的价值被放大，如此物超所值，购买就成了顺理成章的行为。

　　所以，推销员必须钻研、熟知自己产品的价值，这样才能在给客户介绍时游刃有余，并且将产品的卖点精准地推送给客户。

　　如果遇到客户死缠烂打，非要先问价格该怎么办呢？这时候，我们就可以采用模糊回答的方法来转移客户的注意力。比如说，当客户问及价格时，你可以说"不同的产品价格不同，这取决于您选择哪种型号，要看您有什么特殊要求"，或者告诉客户"产品的价位从几百到上千不等，就看您喜欢哪一种产品了"，即使销售员不得不马上答复客户的询价，也应该建设性地补充："在考虑价格时，还要考虑这种产品的质量和使用寿命。"在做出答复后，销售员应继续进行促销，不要让客户停留在价格的思考上，而是要回到关于产品的价值这个问题上去。

　　总之，价格是出售的最终环节，客户的购买力和他是否愿意购买，这两者间始终存在着差距。所以，销售员要知道，在客户没有产生购买意向前，谈论价钱毫无意义。因此，千万别和客户只在价格上来回拉扯，用价值激发客户的购买欲才是正理。

第五节　孰优孰劣，一比便知

　　在这个世界上，几乎没有不爱比较的客户，货比三家是很多客户在做出购买决定之前的必做工作之一。

既然客户愿意对比产品，那么销售员不妨主动出击，将对比放在自己的销售工作中。在客户还没有进行货比三家时，就先替客户找出自家产品与别家产品之间不同之处，并做好相应记录，如果想更详细、直观地展示差距，还可以编制成表格，列出有关竞品的所有资料，以便客户能够清楚地了解到市场情况。客户只有对产品价格、卖点等信息了如指掌，才会打消疑虑，安心与你沟通。在这种情况下，你通常可以掌握更多的主动权和优势。

销售情景：

客户："从你的介绍来看，产品确实不错，不过，我认为M公司的设备更适合我们，它的适应性强、安装方便……"

销售员："的确，他们公司的设备确实有这些优点，而且配置也很好。不过我们的商品对您来说更合适。原因是你们公司的年度维护费用很高，而一个质量过硬、寿命更长的产品会让贵公司省去这一笔费用，所以您更应该考虑产品的品质；另外，你们的生产工艺对设备的要求比较高，不仅要同时兼顾性能和效率，还要考虑设备长久的资源利用率，所以本公司的产品正好可以和你们的旧设备配合作业。您认为我说得对吗？"

客户："嗯，你说得也有道理。可是他们给出的产品报价更低，而且他们公司的设备质量也不错。"

销售员拿出一份报告对客户说："说到质量，对方为您提供过产品的故障调查报告吗？这是我们的。报告显示我们的设备故障率只有1.2%，而据我所知，他们的故障率应该远高于这个数。这么一算，你们的工厂就要多花好几万。"

分析：

在与客户讨论产品选择时，销售员巧妙地运用了产品比较与优势突出的策略。他首先认可了 M 公司设备的优点，随后转而强调自家产品在维护费用节省、与旧设备兼容性以及长期品质上的优势。通过提供具体的故障率数据，直观展示了自家产品的低故障率和高可靠性，进一步凸显了经济效益。这种既尊重竞争对手又突出自身特色的沟通方式，不仅建立了专业形象，还有效引导客户认识到选择自家产品带来的长期价值，增强了客户的购买意愿。

世界上没有完全相同的两片叶子，自然也没有完全相同的产品，这样就有了优劣之分。因此，在介绍产品的过程中，销售员运用比较法能突出产品的特点和优势，对于说服客户有很大的作用。

对于很多行业来说，客户对商品的认识与了解远没有销售员清楚、深入，因此，销售员若能积极地为客户收集资料，并作出客观、精确的对比，客户便会感觉到你是可靠的。

那么，究竟应该怎样评价竞品，引导客户接受自己的产品呢？

1. 客观评价竞品

没有哪个产品是绝对完美的，客户需要你将真实的信息反馈给他们。他们会进行对比，但是这是建立在销售员所提供的信息客观公正的基础上的，如果你评价是主观性的，那么客户就会对你产生怀疑。

比较的内容可以包括：材料、质地、规格、功能、科技含量、品牌、效果、客户满意度等。

2. 不随意诋毁竞品

客户需要你比较，但是不需要你"拉踩"。如果销售员有意夸大自己的商品，同时贬低竞品，甚至诋毁，就会让客户觉得你是一个心胸狭窄的人，难以取信于客户。

3. 充分了解竞品

所谓"知已知彼，百战不殆"，销售员只有对竞品的信息做到了如指掌，才能更好地进行比较，将最准确的信息传递给客户，让客户做出决定。

作为一名销售员，必须牢记，只要有竞争产品的存在，客户的对比心态就无法消除。与其让客户自己对比，把他推向对手，还不如从一开始就帮客户省去对比的麻烦，以主动、客观、真实的态度获得客户的认同，从而签单。

第六章
说话分寸决定销售的成功概率

销售是一个靠口才的行业，你业绩的好坏和口才有着密不可分的关系，但是，在许多情况下，"口才"并不是指口无遮拦、喋喋不休、信口开河。销售员在讲话中也有需要注意的事项，虽然会因为沟通方法的不同而有所差异，但你只需明白一个基本道理——你最重要的工作就是用言语与客户沟通，并把话说到客户心里，让客户被你说服。由此可见，什么话该说什么话不该说，这中间的分寸一定要拿捏好。这就要求你时刻注意自己的语言表述，从原则规范上修正自己在语言方面的不足，精进自己的口才，同时表现出自己的职业素养，如此，客户就会信任你！

第一节　不要急于求成，欲速则不达

有的销售员在推销商品的时候，总是显得很迫切，这样会让客户产生厌烦、心生戒备的情绪，也就无法达成交易。事实上，销售员越想让客户早点下单，客户就越谨慎。如果他感觉到你在急于推销某种商品，就会对其商品和服务抱有怀疑态度，结果往往会适得其反。因为没有人想要在购买时感到被催促。

销售成功必须建立在客户满意的基础之上，但客户的满意不仅包括对产品或服务本身特点的满意，也包括情绪上的愉快。从容地适度介绍产品不仅可以满足客户对产品了解的需求，也让客户在心理上感到舒服。如果销售员表现得过于急切，反而会增加客户的怀疑和不满。

销售情景：

张强是某办公用品公司的销售员。最近，公司新推出了一款装订机，为了迅速占领市场，公司设定了高额的销售目标，张强倍感压力。

某日，张强得知某大型印刷厂正在寻找合适的装订机，便立刻前往拜访。采购部李经理接待了他。

一上来，张强就热情地介绍了新款装订机的各项优势："不仅性能更加稳定，技术更先进，生产力也更强，还能提供可靠的文档整理解决方案。而且只要在这周六前购买，还能享受特别优惠。"

李经理虽然很心动，但其他销售员的产品也不错，他没有立刻答应，而是告诉张强想再斟酌一下。张强誓不罢休，生怕错过这次销售机会，于是反复提及产品的优势，迫不及待地催促李经理尽快做出决定。

李经理有些不耐烦，却也礼貌地让他先回去等消息，表示如果有购买意向，会直接联系他。

可张强还是没能忍住，在接下来的几天里频繁地联系对方，不断催促他签约。这一举动惹恼了李经理，干脆直白地拒绝了他，转而选择了另一家公司的装订机。

分析：

迫于销售指标的压力，张强急切地想将产品卖出去，但他却犯了两个错误：一是在见客户的时候，将产品的所有优势，甚至是价格优势都一股脑地倒给了对方。这是不明智的，虽然确实也达到了吸引客户关注的目的，但过于心急地表露只会让对方知道你所有的底牌，不利于之后的谈判。二是在客户明确表示要再行斟酌时，依旧频繁催促签约，甚至每天打电话联系，这让客户想进一步了解的心被压力覆盖，只能生气地拒绝。

那些急于求成的销售员往往会有以下表现：

1. 不用心介绍产品，主动放弃

有些业务员觉得，大部分时候客户都是抗拒营销的，所以，是否介绍产品并不重要，即使你把产品描述得再好或再差，有心想买的客户不会犹豫，而不想购买的人自己又何必浪费口舌。因此，他们往往没有耐性去推荐商品，只询问对方买不买，自然就会遭到排斥。要明白，即便是全球最顶尖的销售员也不是单单都能成交，而且在销售过程中也没少碰壁、被拒绝。而他们之所以成功，原因是当他们遭到拒绝时，并没有因此受挫，反而会越挫越勇、想方设法向客户更好地介绍。大部分客户都是有产品需求的，除非销售员介绍的产品太离谱。客户有需要时就可以引导，而方式自然就是销售员对产品的介绍。

2. 缺乏耐心，过早结束沟通

真正成功的销售员往往是有十足耐心的，而缺乏耐心的人很难做好销售工作。耐心并不是先天的，是可以锻炼和培养的，销售员可以通过不断训练来培养自己的耐心。当销售员求见一位客户时，发现自己已经没有耐心的时候，就要不断地告诫自己要坚持，坚持到最后。只要这次坚持的时间够长，就会成为下次商谈的标准时间。

那么，销售员应该如何避免急于求成的做法呢？

语言表达清晰稳重，介绍陈述从容不迫，该讲的内容要突出重点和细节，节奏要慢，无关紧要的内容可以略过。销售是一个双向交流的活动，作为一名销售员，不仅要向客户展示你商品和服务的优点，同时也要学习聆听客户的想法，理解客户的需要。因此，和你的客户谈话时，除了语言技巧之外，还需要有巧妙的沉默。特别是当客户即将做出决策的时候，要沉着冷静，切勿急着削价，克制自己急于求成的心理。在客户提出降价时，可以把商品或服务的特点和优点交代清楚，试探对方，如果还是接受不了，再适当降低价格，这样生意就更容易谈成。

有些业务员在推销时，常常显得有些心急，期望客户最好看过产品后就立马成交。这种想法显然不实际，从事这一行业的销售员都知道这是一件很辛苦、很考验耐性的工作，急功近利的人是不可能获得成功的。比如，有些销售员上来就是一句："我们的产品特别好，你要不要？"那就相当于在跟对方说"你最好花钱买下它"，试想，如果你面对这样一个销售员，会购买吗？即便是你真的需要，也觉得他在强迫你吧。

那么，如何克服销售过程中焦躁不安的心理，让言谈更加理智、平和、有效呢？

1. 有恒心，坚持到底

销售工作的精髓在于恒心与坚持不懈的精神。成功不会一蹴而就，销售员往往需要跨过重重阻碍才能到达成功的彼岸，而这就需要销售员持续地努力与跟进。所以，当被客户拒绝的时候，千万别灰心，要让客户有足够的时间做出选择，再用自己的口才来说服客户。当销售员发现客户有购买意图时，要及时把握机会，耐心地引导客户做出交易决定。

2. 始终保持心态平和、不骄不躁

"欲速则不达"，做销售也是如此。因此，不管你处在什么样的销售环境中，都一定要让自己的心态保持平和。客户刚表示想要买下产品，你就忘乎所以，这会让客户觉得自己好像被欺骗了；如果你的客户挑三拣四，不肯马上成交时，你也不能生气、着急，可以像对待朋友那样对待他，这样你就会觉得轻松得多。

3. 沉默是金，以静制动

常言道"缄默是金"，销售员在和客户沟通的时候也要适当沉默应对。须知巧舌如簧并非真的能说、会说。当然，想要达到以静制动的效果，还必须做到心里有数，明确产品对于客户的意义，明白客户的要求和意图，争取在整体的营销活动中掌握先机，不要为客户的话语所影响，在客户面前展现出一个立场坚定、不卑不亢的自己，这样即使客户对商品有些犹豫，也会被你说服，成功交易。

第二节　谈吐得当也是销售的助攻

我们知道，很多电视台的主持人之所以能深受观众的欢迎，就是因为他们谈吐得当，讲究分寸，能说到人们的心里去。

其实，主持人和销售员的性质是一样的，都是通过恰当的语言与观众或客户进行沟通和交流，以达到特定的目的。所以，在营销领域，每一个销售员都曾想过这样一个问题吧——怎样才能快速地让客户对你产生好的印象？答案就在于你的语言表达，一个善于交际、幽默风趣的销售员，往往更能引起客户的关注，而当你的话一旦被客户接受，客户的信赖也就顺理成章了。

销售情景：

日本销售大师原一平的成名离不开其玲珑的谈吐。

这天，他拜访一个生产公司的老总，对方十分反感保险推销。原一平知道这一点，所以他也做好了充足的准备，还特地向负责接待他的员工打听了这位老总每天的上下班时间，开什么样的车等。

原一平把所有的准备工作都安排妥当之后，就开始了拜访工作。一进入办公室，他通过前台助理在车间找到了视察工作的老板。原一平上前一步，拍了拍那位老板的肩膀："原来您在这里啊！我们好久不见了啊，总经理。"

那位总经理转过头，迷茫地看着他："哎，你是？"

"您真是贵人多忘事啊，我们见过面的啊！您忘了，上次在一家保龄球馆里。您不是东京的吗？"

"嗯，我是东京的。"

此时，原一平恭敬地递上了自己的名片。对方一看他是做保险生意的，顿时拉下了脸，然后又说了一堆借口，就是不想买。不过原一平还是不死心，他大声道："您好，老板！我觉得您的那些雇员应该不是都为了养老退休才愿意留在您的公司里，而是因为您的人品好所以才会跟着你吧？"原一平试图用他的大嗓门引起雇员们的关注，这样老板就不会轻易地拒绝。

停顿了片刻，原一平继续说："员工既然是欣赏您的为人，跟着您干事业，那么您有没有考虑到为他们做点什么呢？作为公司的领导，如果没有一个健康的身体就无法在商海征战。如果您的身体已经到了无法投保的地步，您怎么向爱戴您的员工交代呢？不管您是否讨厌保险这个行业，重要的是您的身体要保证绝对健康。您最近有做过检查吗？"

原一平的声音抑扬顿挫，下面的人也跟着附和起来，渐渐的，所有人都安静下来，等待着老板的回答。很显然，最后，老板只能答应买他的保险。

分析：

正是因为原一平善于把握谈吐的技巧，选对了场合，再加上抑扬顿挫的语调，才使得这个原本厌恶保险这一行的老板最终接受了保险服务。

在现实交际中，语言是人们一种看不见的名片。一个善于交际的销售员，可以通过变换不同的语气和语速来表达自己的观点，让客户能迅速而准确地明白自己的想法。同样的一句话，从不同的人口中说出来，语气和语调不同，表达效果也不一样。

一个人的嗓音，如果给人一种很压抑的感觉，再加上前言不搭后语、含含糊糊的话，很大可能会让听者的心情不好，更提不起任何兴趣再交流下去。所以，作为一位销售员，必须有良好的谈吐技巧，以使客户感到舒适，愿意和自己谈论。

虽然声音都是天生的，但是也可以通过一定的技巧去改善，让它变得亲切和有活力。一般来说，一位卓越的销售冠军说话都有这样儿个特点。

1. 善于把握语调

能够根据客户的说话习惯调整自己的谈话风格，或低沉或高昂，总之他们能在跟客户几句话的交谈中迅速把自己的语调调整为客户的日常说话习惯语调。

2. 说话清晰明确

吐字不清、层次不明是语言表达的最大障碍。如果别人都不明白你说的意思，别人是无法跟你继续谈下去的，更谈不上接受你的人、你的产品了。

3. 要把握语言的韵律

一个人的表达效果在很大程度上受到其说话节奏的影响。语速过快，客户不能及时反应，也就无法理解你所说的，进而逐渐丧失吸引力，沟通就变成了你的独角戏；如果速度过慢，客户会觉得你不够专业，没底气，对你就失去了耐心。如果你能细心地注意到客户对说话节奏的喜好，并且适当地加以调节，那么你的沟通就会在一个比较轻松的气氛中持续下去。

4. 要学会讲话时的暂停

能够把握讲话中的间歇，可以衡量一个人讲话的能力。停顿间歇，可以让你有更多的时间去理清思绪，并观察客户的面部表情，为客户留出回应的余地，引导对方更加积极地参与到对话中来。在谈话过程中，要保持停顿的时长适当，既不能停顿得太长，让对方分心；也不要停顿得太短，让客户难以插话，无法充分参与。

5. 适度的音量

如果在相对安静的场所中，销售员说话的声音太大就会让客户觉得你很聒噪，很可能会遭到客户的拒绝；但如果是在工厂，你的音量就要提高一些，否则客户会听不清楚你说的话，反倒会心烦。因此，要依据实际情况，对讲话的音量进行灵活把控。

6. 做到声情并茂

在实际谈话中，越是优秀的销售员就越不会接受毫无表情、毫无生气的对话，他们更喜欢让表情和动作为自己服务。而这样的交谈显然更精彩、鲜活，也更容易感染客户，在语言和神情动作的配合下，客户会在不经意间被带入话题中，并在愉快的氛围里谈下去。

一个人如果声音非常优美，能够清晰流畅地表达出自己的意思，而且将问题解释得很到位，那么客户会很乐意接受这样的人，而整个谈话也会始终在一个比较轻松的环境下进行。

其实，沟通是建立在相互交流基础之上的。当买卖双方都感觉自我良好时，会不由自主地做出一些动作加以渲染，比如使用肢体语言，肢体语言是内心真实想法的外在表现。肢体语言往往比口头语言更能清楚地表达内心的意向。

第三节　避重就轻，为自己留下余地

客户也知道无论什么产品都一定有它的优势，但也有它的不足。因此，有时与其隐瞒，还不如开诚布公，这样更容易获得客户的认同。并且，在很多情况下，只要客户发现你列出的产品缺点中没有他们关心的地方时，他们就会更快地作出购买的决定。

通常情况下，我们都主张要和客户进行开诚布公的沟通，但在实际工作中，切不可过于教条，一定要把握好坦诚的度。因为，有时候过度的坦诚反而会吓跑客户。

曾经有一位金牌销售员说过他的销售经验：在谈话中要尽可能地坦率、真诚，以便让客户对你有更好的印象，让客户更愿意了解你和你的产品。但是谈判也要有技巧，对所要销售商品的80%的非关键问题要诚实告知；将剩余问题中的10%进行技术性加工，以委婉的方式向客户说明；而最后的10%是需要保密的，一定要避而不谈。这10%的范围取决于具体的情况，可能是某种性能，也可能是生产技术、生产背景等。

销售情景：

阿玛诺斯，这位在美国销售界声名显赫的专家，在其职业生涯初期，仅用不到两年的时间，他便从小职员迅速晋升为销售主管。下面我们就来看看他是如何进行推销活动的。

在推销一块土地时，阿玛诺斯并未遵循多数销售员的传统做法，比如大肆宣扬土地的投资价值、优越位置或低廉价格。相反，他首先坦诚地告知客户："这块地周边有几家工厂，如果用于建造住宅，周围环境可能会比较嘈杂，这也是其价格相对便宜的原因。"

然而，尽管他如此坦诚地指出了土地的不利因素，他仍会邀请客户前来实地考察。当客户亲临现场时，往往会发现实际情况并不像阿玛诺斯描述的那样糟糕。有些客户甚至反驳道："并不像你说得那么吵啊！况且，无论搬到哪里，噪声都是难以避免的。"

就这样，在某些客户心目中实际情况是可以接受的，并没有像阿玛诺斯说得那么糟糕，于是便心甘情愿地购买了那块土地。阿玛诺斯的买卖就这样简单地成交了。

分析：

阿玛诺斯就十分擅长运用避重就轻的销售策略，没有过分夸大土地的优点，而是坦诚地指出其周边有工厂、可能较吵的问题。这种策略降低了客户的期望值，为实地考察作了铺垫，同时也为自己留下了余地。当客户看过后只觉得他"言过其实"，并不是那般糟糕时，反而会对他产生信任。

如今，许多销售员在形容产品的好处时，往往能信手拈来，说得头头是道，好话一箩筐；然而，当问及产品的优点和缺陷时，要么沉默，要么直接说"没有缺点"。他们满脑子都想的是如何出售他们的货物，无所谓怎么说，只要能让客户买下产品。于是，他就尽可能地放大产品优势，告诉客户这个产品是如何的好，没有一点毛病。但当客户听了店员的"美言"，兴高采烈地买回去使用后，结果发现产品有致命的缺点，客户还会对他有好印象吗？还会购买他的产品吗？

所以，销售员需要学会避重就轻，有技巧地介绍产品缺点，既可以保持诚信又不至于让客户在产品缺陷面前望而却步。

1. 主动说出无关紧要的不足

其实客户也知道，从来就没有完美无缺的产品，如果销售员自始至终只提产品的好处，而对产品的不足只字不提，那他销售的产品不仅不会在客户心中得到美化，反而会引起客户的更多疑虑。他们可能会主动询问，也可能会在心里暗自猜疑。

所以，为了打消客户的疑虑，销售员可以主动说出产品不足的问题，说这些问题的时候，态度一定要认真，让客户觉得你足够诚恳，但是这些问题尽可能选择无关紧要的。

2.巧妙地告诉客户真相

要有技巧地对客户说实话，的确是要求销售员保持诚信，但不是让你将所有的实情都毫无保留、原封不动地告诉客户。尽管有些问题可以说出，但也不能一次就把所有的缺陷都提出来，而是要在讲述的时候运用一些技巧，把客户普遍关心的如价格问题、产品的致命缺陷等问题巧妙地说出来，同时也要注意到，像涉及商业秘密等问题是一定不能说的！如果你觉得自己拿不准怎么说，或不知道应不应该说时，宁可保持沉默，也不要为博取客户暂时的信任而信口开河，你可以在讲一部分真话的时候，适时地转移话题。

第四节　关系再好，说话也不能"过界"

每个人都有自己的社交安全领域，不想被别人侵犯，哪怕是最亲近的人。这种感觉就好像是一个充满气的皮球，一旦它们之间的距离过近，那么就会互相挤压，最后的结果必然是爆炸。

销售情景：

段笑笑是一家电脑销售公司的员工，这天她约了一位老板到公司洽谈合作，对方打算一次性购买 100 台电脑，这对段笑笑来说是一笔不小的业务，于是，她精心准备了一番。

在会议室里进行了两个多小时的商谈后，所有事情基本谈妥，只剩签单。段笑笑向客户确认了最后的付款方式，然后走出门去打印合同，好让对方签字盖章。

临走时还特意为客户添满茶水，客户对这个销售员的表现感到很满意。

就在她出门后不久，客户也从会议室里出来准备到一旁抽烟，不小心听到了这样的对话。

段笑笑喊同事小方过来帮忙："你帮我去拿一下咱们公司的印章，然后送到会议室，我去打印一份合同。"

小方打趣道："哟！签单啦！可以啊你！签了多少台？"

段笑笑喜笑颜开地说："100 台！"

小方恭喜道："天呐！你不鸣则已，一鸣惊人啊！客户也太阔绰了吧！这么阔绰的老板我也想见识见识。"

段笑笑说："你送过去正好能见到他。但是他长得一点也不像什么有钱人。不光既胖又黑，还秃顶，长得可像鲁智深啦！不相信你去看看！"小方笑着走开。

客户听到后很生气，打算回到会议室带上自己的东西离开，刚巧碰到小方拿着印章走进来。他看到小方快速瞥了自己一眼就捂嘴离开了，好像是在嘲笑自己。

客户越发坐不住，提上东西就往门口走，却撞见了段笑笑回来。她狐疑地问："您这是要去哪儿啊？"

客户不紧不慢地说："段笑笑，我觉得咱们的合作有些仓促，等我回去思考一下！"

段笑笑着急地说："不是都谈好了吗？怎么又要考虑一下呢？发生什么事了？"

只听客户冷冰冰地扔下一句话："你好好想想自己说了什么吧！"

就气冲冲地走了。

段笑笑茫然地站在楼道，有些不知所措。

分析：

在商务合作中，尊重是建立信任的基础。然而，段笑笑却将客户的外貌缺陷作为取乐的手段，这无疑是对客户极大的不尊重。这样的行为不仅损害了客户的尊严，也破坏了双方之间的信任关系。因此，客户选择终止与段笑笑的合作也就不足为奇了。

销售人员应当深刻理解并尊重客户对于私人空间不受侵犯的普遍心理需求，时刻关注与客户的距离，不要过界，为客户营造一个轻松愉快而又友好的氛围，为下一阶段的推销工作作好铺垫。

这就要从两方面注意，因为客户的私人空间，既包括物理空间，也包括心理空间。

1. 与客户说话保持 1 米以上的距离

让我们先看看下面这段对话：

某保险销售员在客户家中洽谈时，未经允许就坐在了客户的私人沙发上，还随手拿起茶几上的家庭相册翻看。这种越界行为让客户感到不适，最终以"再考虑考虑"为由婉拒了签约。再如，在商品展销会上，销售员小王急于推销，见潜在客户张先生浏览产品，便紧贴其旁，大声介绍，边介绍还边用手势比划，几次碰到了张先生的手臂，让张先生感到十分不自在，最终张先生不堪其扰，找了个理由匆匆离开。

总之，不管客人是男是女，你都要和他保持一定的"安全距离"，最好和陌生人拉开一米左右的距离。在客户的办公室里进行谈判时，客户所坐的位置应为安全距离的边界。切勿东张西望和乱走，不要窥探对方的隐私，如偷看客户的电脑桌面等，更不要擅自拿放在桌面上的装饰品，这些都被视为无礼之举。

2. 不要议论客户的"短处"

俗话说："揭人不揭短，打人不打脸。"也就是说在说话的时候，要注意给对方留面子，不要揭对方的短。作为销售员，每天遇到很多客户，每个客户都有自己的优缺点，但销售员不能拿着客户的缺点或者短处到处张扬，这样客户也会翻脸，就像案例中那样。

3. 避免与客户谈论过于私密的问题

在与客户交谈时，尽量避开涉及隐私的话题，哪怕有时候是客户主动提出来的，但也要小心，不要随便拿对方的"软肋"说事，大家都不是发小知己的关系，只是在工作上有合作，如果两个人走的太近，反而会让对方对自己产生戒心。

从某种角度来说，适当地与客户谈论私事也是辅助手段，能迅速打开话题，增进彼此之间的友情，并不是什么坏事。但身为一名销售员，将重心放在工作和产品上，才是你应该做的事。如果客户主动谈起一些私人问题，那么最好的办法就是赶紧把话题转移开。否则越是了解，你跟客户的关系就越复杂，之后一旦出现问题就更加难以应对。

总之，尊重客户的"私人空间"，关键就在于"度"的把握。而"度"在哪里，有时也会因人而异。善于揣摩客户心理的销售高手，可以轻易地为客户保留适当的私人空间，又在客户身上开辟出一块人人的工作区域。只有反复练习、思考、总结，才能悟出其中的奥妙，提高以后销售的成交率。

第五节　言出必行，说出来的话要经得起考验

做销售最重要的就是讲诚信，要做到"言必行，行必果"，面对客户，不应该轻易许诺。但如果答应了客户的请求，就一定要做到，否则就会失去客户的信任。

在实际的销售过程中，有些业务员为了能让客户感兴趣，或是让客户更快地买下产品，不管对方提出什么请求，他都会先一口应下，有时还会对客户做出无法完成的承诺，而一旦客户要求兑现时，销售员却无法履行，于是引来了客户的不满和抱怨，导致客户放弃原本签好的订单。所以，当"言已出"却"行未果"时，销售员就会失去这个客户，甚至是自己的、公司和品牌的声誉。一个连诚信都没有的人，谁还愿意相信他呢？

销售情景：

小陈供职于某家建材销售公司，初出茅庐的他，本以为在上大学时学习的电子商务专业知识，能给他的销售生涯带来很多优势，但事情并没有他想得那么简单。

一天，小陈成功开发了一位大客户。当客户高兴地签单之后，客户问小陈："什么时候能到货呢？"

小陈微笑着回答："近期这批货销售很火爆，经常出现库存短缺

的情况，但缺谁也不能缺您这位大客户，我回头打电话催催生产厂家，让他们半个月之内把货发出来。"

客户紧接着问道："我工地马上要用，半个月太久了，能不能一周之内赶出来？"

小陈立马拍着胸脯允诺："没问题！就凭我和厂家的关系，加班加点也让他们做出来。"

客户高兴地点点头，爽快地签下了合同。

谁知工厂爆单，根本赶不过来，小陈好话说尽也无济于事，最早也要半个月才能交货。

无奈之下，他只能硬着头皮打电话给客户，并承诺给予一定赔偿。客户了解情况后虽有怨言，但再想找合适的货源还要多费一番周折，并且看在对方认错态度良好的情况下，也只是抱怨了两句，叮嘱他这次一定要按时送到。

小陈松了一口气，连连保证不会再出错了。

不巧的是，正逢雨季，道路不好走，货物又耽搁在了路上，迟迟送不到客户手里。

小陈急得像热锅上的蚂蚁，不知道该怎么向客户解释。

一而再再而三的失约让客户忍无可忍，直接投诉到了公司领导。领导为了保住这个大客户，只得将货款退回去一半，并承诺此后订单都给予一定的折扣，这才安抚好了客户。小陈也因此被开除。

分析：

案例中，小陈脑子一热的"拍胸脯承诺"说得太满、太绝对了。他为了促成交易轻易对客户做出单方面的许诺，并未考虑厂家生产和物流的实际情况能否满足，于是导致了多次失约。然而，如果此时他能第一时间坦诚相告并寻求解决方案，或许还有转圜的余地，可他却选择了隐瞒拖延，加剧了信任危机，言过其实的后果就是被现实打脸，失去了客户信任。

无论是客户，还是销售员，我想我们都听过像案例中小陈那样的承诺，这些夸张的保证在一些比较严谨的客户面前根本不堪一击，客户会质疑你的说法，甚至会失去对你的信心，最终放弃沟通或原本有意成交的打算。

可见，销售员随便就对客户作出承诺，到头来吃苦头的还是自己。那么，怎样才能避免类似的情况发生呢？

1. 不可信口开河，对客户承诺的事情要做到

有的业务员为让客户信服，常会夸大其词，甚至用起誓或赌咒来表现诚意，这种行为不仅损害客户信任，更会影响品牌声誉。例如，某电子产品销售员为推销一款手机，向客户保证"就算你一直玩儿，电池续航也绝对能达到 72 小时，如果做不到我全额退款"。然而，实际使用中电池续航仅能维持一天，客户要求退款时，销售员却以"个人使用习惯不同"为由推脱，最终导致客户投诉至市场监管部门。

2. 在条件允许的情况下，给予客户能够兑现的满足

有的时候，我们会注意到有些客户是真的很想买下产品，但是由于一些客观的因素无法马上购买，比如支付不起或就是想便宜些，因此希望你能在支付时间上给予宽松的余地，这个时候，你可以向更高一级的领导请示一下，帮客户说几句好话，就算领导不同意，但至少你努力过了，客户也不会责怪你；而如果能为客户争取下来，那么客

户会对你更加感激。

3. 满足不了对方要求时的一些拒绝方法

（1）"礼尚往来"法拒绝

如果客户提出了他的需求，你想让他明白你不能答应他，就采取一种"礼尚往来"的策略，提出他不能接受的条件，这样对方就会知难而退，转而由你来控制局势。

（2）补偿法拒绝

对于客户提出的某些要求，我们无法满足时，不可轻易许诺，但可以通过满足客户其他方面的要求来弥补这一不足，比如，以赠品来拒绝降价就是补偿法拒绝的最好体现。

（2）无奈地拒绝

有些时候，客户可能会开出一个让销售员难以满足的条件，此时销售员千万不要硬着头皮答应。这时你应当以真诚实意地向客户说明情况，然后表现无可奈何的神态拒绝对方，如此反倒能赢得他人的信赖和同情，促成交易的成功。当然，在拒绝客户时也要注意方式，不要因为伤了客户的心而彻底失去客户，可以说："抱歉，这已经超过了我的能力范围，请原谅……"用这种方式暗示客户，他的请求不在自己的能力范围之内，在对客户表示拒绝的同时，还可以得到客户的理解。

总之，做为销售员，我们必须牢记以下三个原则：承诺要兑现，否则不要随口许诺；每次承诺都是向客户证明你的诚信；每次履行诺言，客户就多一份信赖。

第六节 动之以情，真诚才是必杀技

每个销售员都希望自己拥有一副好口才，口才好可能会为你减少销售的时间，但这并不是成功最关键的部分。销售过程中口才固然重要，但诚恳的态度是你和客户沟通的基础。

与客户的交流，最重要的是"诚"。唯有开诚布公、真诚相待，方能感动顾客，让对方愿意同你达成交易。所以在推销时，销售员要积极主动地把自己的情况和意图告诉客户，从一开始就显示出自己的真诚，如此你的客户才会用同样的真诚回应你。

当然，这里所说的真诚并非把一切商业秘密毫无保留地全部端给对方，商业语言的真诚就是要有真实的情感和诚恳的态度。

销售情景：

在科技市场的一家电脑品牌店内，有位男士进店为读初中的儿子选购电脑。销售员不舍地从手机上挪开眼，看了看客户，敷衍地问了一句："买电脑吗？看看相中哪一款了，我给你介绍介绍。"

客户表示，家里电脑不够用，而且买电脑是要给孩子学习用，并且希望是品牌生产，有面子。

于是，销售员对本品牌下主推的几个系列、型号作了介绍，尤其重点推荐了一款最新上市、性能外观俱佳但价格昂贵的电脑。

见客户犹豫，他说："这是新款，现在是体验价，月底还会涨价，你看吧。"此时手机响起，他忙不迭查看，回复完信息后看了看客户，表示在等待他的反应。

客户："体验价也有些贵，价格还是适中就好。那款特价机不是更便宜吗？"

销售员："给孩子买得考虑电脑性能，贵的才能带动大型游戏。而且，型号一看就知道档次，您挣钱不就是为孩子嘛，这款保证他喜欢，有面子。"说话间又多次查看手机。

客户本来就反感他的心不在焉，现在更加不悦，反驳道："让他学习用，又不是玩游戏。也不想惯他攀比，再有钱也是辛苦挣来的。"随后决定离开。

销售员意识到这一单有危险，急忙收起手机："您喜欢特价机是吧？那我再给您介绍下。"

客户摇摇头走了。

接下来，我们看看这名顾客在另外一家店里又遇到了什么情况。

顾客走进另一家品牌店，销售人员热情接待并询问需求。得知客户为儿子买电脑后，销售员推荐了几款特价机："这些特价机性价比高，虽然带不动游戏之类的大型软件，但足够学生学习。特别是这款，音质好，适合线上学习。"

客户点头表示赞同，销售员又介绍了一款升级版。"这款升级版性能更好，屏幕能缓解视觉疲劳，处理器快，散热也好，外观时尚。不过价格稍高，目前没有优惠。"

看客户对升级版感兴趣，但又在两款中犹豫时。销售员说："这一款目前是没有优惠活动的，但我可以帮您向领导试着申请额外优惠。"随后，销售员与领导沟通，让客户清晰地听到对话内容。

最终，领导同意赠送价值600元的大礼包，包括键盘、鼠标等配件，但价格不变。顾客十分满意，当场结账拿货。

分析：

一开始，客户的反应是有利于成交，甚至有较强的购买倾向。很显然对方就是为了这个品牌，如果谈判顺利的话，很有可能会当场付款，但最终却以失败告终，而这一切都是败在了销售员身上。在与客户的沟通过程中，销售人员表现出多重不当行为。首先，总是把玩手机，对客户很不尊重，导致对方心生反感；其次，销售员故意忽略客户的实际需求，明知道对方对特价机感兴趣，却强烈推荐价格昂贵的新款，只为获利。再次，销售员试图利用亲情进行道德绑架，将父亲对孩子的爱与购买高价产品挂钩，这种做法十分不道德。最后，销售员的言论还传递出错误的价值观，诱导顾客忽视孩子的品德修养，追求物质享受。而同样的客户，同一类产品，第二个销售员在与客户的交流中，表现出了更诚恳、更有礼貌、更会为客户着想的态度，并且还会为客户向上级要求折扣。这一系列的举动，让客户对他产生了好感，成交胜算也自然更多。

真诚与否，客户是可以感受得到的，从你的语气、行为、小动作、微表情等但凡他们能够捕捉到的信息，都会传达到内心，进而转化为内心感受。

真诚度与成交概率是可以成正比的。当客户感受到的真诚度越高，他对于销售人员给出的成交理由越信服，购买行为越果断甚至愉悦。

具体来说，销售员可以从以下两个方面来表明你的诚意。

1. 为客户服务至上

销售员必须本着为客户服务的精神，言行举止都要认真、审慎、真诚。要想表现出真诚帮助客户的态度，销售员一定要保持积极的形象。面对客户询问或给出反对意见，尤其当它们很难回答的时候，一些销售员会表现得很消极。而这样的消极态度会让自己不愿意处理它们，进而丢失订单，还会让那些确实有购买意向的客户望而却步，对你的专业性产生质疑。另外，对于客户提出的难以解答的疑问和异议，不要纠缠不休，恳求对方购买，这样只会对你自身信誉及长远发展形成负面影响。

2. 给客户的答案要保持统一

相同的问题，来自同一公司的销售员若给出的答案不尽相同，客户就分不清到底哪一个才是对的，这样就造成了彼此之间的不信任。所以，大家要经常进行交流，交换看法，形成共识。